LES BONS
LÉGUMES
DU MONASTÈRE

Données de catalogage avant publication (Canada)

D'Avila-Latourrette, Victor-Antoine

Les bons légumes du monastère

Traduction de: Fresh from a monastery garden.

1. Cuisine (Légumes). 2. Cuisine santé. I. Titre.

TX801.D2614 1999   641.6'5   C98-941660-7

DISTRIBUTEURS EXCLUSIFS:

* Pour le Canada
et les États-Unis:
MESSAGERIES ADP*
955, rue Amherst,
Montréal, Québec
H2L 3K4
Tél.: (514) 523-1182
Télécopieur: (514) 939-0406
* Filiale de Sogides ltée

* Pour la France et les autres pays:
INTER FORUM
Immeuble Paryseine, 3, Allée de la Seine
94854 Ivry Cedex
Tél.: 01 49 59 11 89/91
Télécopieur: 01 49 59 11 96
Commandes: Tél.: 02 38 32 71 00
                Télécopieur: 02 38 32 71 28

* Pour la Suisse:
DIFFUSION: HAVAS SERVICES SUISSE
Case postale 69 - 1701 Fribourg - Suisse
Tél.: (41-26) 460-80-60
Télécopieur: (41-26) 460-80-68
Internet: www.havas.ch
Email: office@havas.ch
DISTRIBUTION: OLF SA
Z.I. 3, Corminbœuf
Case postale 1061
CH-1701 FRIBOURG
Commandes: Tél.: (41-26) 467-53-33
                Télécopieur: (41-26) 467-54-66

* Pour la Belgique et
le Luxembourg:
PRESSES DE BELGIQUE S.A.
Boulevard de l'Europe 117
B-1301 Wavre
Tél.: (010) 42-03-20
Télécopieur: (010) 41-20-24

Pour en savoir davantage sur nos publications,
visitez notre site: **www.edhomme.com**
Autres sites à visiter: www.edjour.com • www.edtypo.com
• www.edvlb.com • www.edhexagone.com • www.edutilis.com

Dépôt légal: 3e trimestre 1999
Bibliothèque nationale du Québec

ISBN 2-7619-1453-8

LES BONS LÉGUMES DU MONASTÈRE

Frère Victor-Antoine d'Avila-Latourrette

Traduit de l'américain
par Alain-Xavier Arpino

LES ÉDITIONS DE
L'HOMME

À Elise Boulding, qui m'a encouragé
à écrire mon premier livre de recettes.

À Margaret et Michael O'Keefe, Carole Ann
et Douglas Mercer, ainsi qu'à Barbara Etherington,
mes amis fidèles et si chers.

UNE MANIÈRE SIMPLE DE TROUVER VOS RECETTES PRÉFÉRÉES DE LÉGUMES

Les bons légumes du monastère n'offre pas que 200 manières originales de préparer les légumes, c'est aussi un guide pratique sur l'histoire des légumes. Ainsi, contrairement à mes livres précédents dont le contenu était classé par saison, celui-ci a un plan entièrement nouveau. Chaque légume d'usage courant en Amérique du Nord est le sujet d'un chapitre commençant par une courte introduction qui en détaille les qualités, l'origine et les usages traditionnels en cuisine. Vous serez surpris de constater à quel point les légumes ont pu évoluer au cours des ans! Certains, que l'on considérait comme exotiques, sont maintenant devenus aussi courants que la tomate. Cette brève description sera particulièrement utile à tous ceux qui voudraient faire l'essai de certains légumes que l'on ne prépare pas souvent et que l'on ne trouve pas fréquemment sur nos tables ni dans nos marchés.

Pour plus de facilité, les chapitres sont classés par ordre alphabétique. (En rédigeant ce livre, je l'ai souvent traité en plaisantant d'« ABC des légumes » et je vous invite à le considérer ainsi.) Entre les notes d'introduction et les recettes, vous trouverez des suggestions sur l'utilisation des légumes, selon les diverses saisons, afin de leur conserver toute leur fraîcheur. À la fin de cet ouvrage, vous trouverez aussi la liste de tous les légumes qu'il contient, classés selon les saisons où il est facile de se les procurer.

Vous devez toutefois vous souvenir que les saisons des légumes se chevauchent, tout comme l'utilisation et la disponibilité de certains d'entre eux, particulièrement ceux qui sont récoltés tardivement. L'asperge et le petit pois sont, par exemple, essentiellement considérés comme des légumes de printemps, alors qu'on peut les récolter et les apprécier pendant tout l'été. La même chose est vraie pour certains légumes d'été comme le maïs et la tomate, car leur récolte et leur disponibilité se prolongent à l'automne, jusqu'à ce que le gel nocturne finisse par en tuer les plants.

Voici ce que le Dieu Tout-puissant, le Dieu d'Israël, a dit...
plantez des jardins et nourrissez-vous de ce qu'ils produiront.

JÉRÉMIE 39,5

Toutes sortes de céréales que notre propre terre produit
Étaient ici apportées et semées dans tous les champs:
Comme le blé et le seigle, l'orge, les haricots et les pois
Qui se développaient tous très bien et croissaient,
Toutes sortes de racines et de plantes poussaient dans les jardins
– Panais, carottes, navets et tout ce que vous semiez,
Oignons, melons, concombres, radis,
Champignons, betteraves et toutes les variétés de choux

WILLIAM BRADFORD
Gouverneur du comté de Plymouth, 1621

INTRODUCTION

Il y a quelques années, un jeune et brillant étudiant qui vient nous voir de temps à autre dans notre petit monastère s'est rendu en France. Pendant son séjour, il décida de visiter quelques-uns des nombreux monastères que l'on y rencontre partout. À son retour, je lui ai demandé ce qu'il y avait découvert ou ce qui l'avait le plus impressionné dans ceux qu'il avait visités.

Sans l'ombre d'une hésitation, il s'exclama : « Mais leurs jardins, bien sûr, ces jardins si amoureusement entretenus par les moines. »

Au premier abord, j'ai été surpris de sa réponse. Je m'étais attendu qu'il mentionne peut-être la beauté des chapelles ou l'inoubliable harmonie des chants au cours des offices. Il les avait bien entendu ressentis comme des expériences profondément spirituelles, disait-il, mais il avait été véritablement enchanté par ce qu'il avait trouvé dans les jardins des monastères. « Il existe une véritable vie dans ces jardins, avait-il poursuivi, et on peut pratiquement prendre le pouls d'une communauté religieuse en observant le travail qu'elle y accomplit. » Et il évoqua à mon intention à quel point les délicates enluminures brillamment colorées des vieux manuscrits, où l'on peut voir les frères ou les moniales au travail dans un jardin, s'étaient soudain animées à ses yeux et lui avaient paru chargées d'une grande signification.

Il va sans dire que dans tous nos monastères le jardinage est aussi ancien que la vie monastique elle-même. Les jardins et le soin constant qui leur est apporté ont toujours fait partie intégrante de nos traditions. Les premiers moines ont élaboré les principes du jardinage dans les déserts d'Égypte et de Palestine de la même manière et en même temps qu'ils élaboraient les premières règles et les premiers principes de la vie monastique. Par exemple, nous pouvons lire dans la vie de saint Antoine, le premier des moines et le père de tous les autres, un épisode décrivant son travail au jardin : « Ces vignes et ces petits arbres qu'il a plantés ; la réserve d'eau qu'il a trouvé le moyen de créer au prix d'un dur labeur pour arroser ses plantations ; son râteau avec lequel il a brisé les mottes de terre pendant de si longues années. »

À la lecture de ces lignes, il est évident que saint Antoine travaillait très dur dans son jardin et que la principale raison qu'il avait de le faire était de produire de la nourriture pour lui et les autres moines, ainsi que pour les pauvres et les pèlerins qui venaient le voir. Saint Antoine appliquait à la lettre le conseil biblique qui voulait que chacun mange le fruit du labeur de ses mains. Deux siècles plus tard, saint Benoît insistait sur l'importance de cet enseignement en édictant sa Règle qui voulait «qu'ils soient vraiment des moines lorsqu'ils vivaient grâce au travail de leurs mains, comme l'avaient fait leurs pères et les apôtres». Pour saint Benoît, cela signifiait que les moines devaient travailler de longues heures dans leurs jardins, leurs vergers et leurs moulins pour produire la nourriture nécessaire à leur table. Et puisque l'alimentation des moines tendait à être presque exclusivement végétarienne, la culture des jardins potagers ainsi que le soin et l'entretien des vignes et des vergers devint de première importance dans la vie de tous les monastères. Dans ce contexte, il est facile de comprendre pourquoi certains moines sont devenus des jardiniers passionnés au cours des siècles. Il y eut, par exemple, ce moine du VIIIe siècle, Walafrid Strabo, de l'abbaye de Reichenau, qui alla très loin dans son éloge du jardinage en faisant un ouvrage appelé *De cultura hortorum* — «De la culture des jardins».

Et les moines n'étaient pas les seuls à consacrer une grande partie de leur temps et de leurs aptitudes au jardinage et à son art. Les moniales qui vivaient aussi sous la Règle de saint Benoît investissaient leurs talents exceptionnels dans ce domaine comme nous pouvons le constater avec sainte Hildegarde, abbesse de Bingen au XIIe. Ses connaissances en matière d'agriculture et de médecine lui inspirèrent deux traités sur les qualités nutritionnelles et médicinales des diverses plantes, herbes et légumes que ses moniales cultivaient dans le jardin de leur monastère. Sainte Hildegarde recommandait que les légumes préparés dans la cuisine soient frais et très récemment récoltés afin de conserver leur énergie vitale et toutes leurs qualités nutritionnelles. Elle insistait aussi sur le principe qui veut qu'en qualité d'êtres humains, nous n'existons pas isolément, mais toujours dans une mutuelle dépendance avec la totalité de l'univers. Et il était par conséquent extrêmement important pour elle que les gens puissent apprendre à vivre en harmonie avec le rythme des saisons, ce qui veut dire qu'ils aient un régime alimentaire à base de légumes et de fruits frais récoltés dans leurs jardins et leurs vergers. Elle croyait fermement en ce que nous appelons aujourd'hui l'«agriculture biologique» qui respecte le rythme des saisons, la cohésion interne de toutes les créations et les lois naturelles permettant de maintenir l'ordre et l'équilibre de l'univers. En vivant ainsi, elle croyait que les êtres humains pouvaient tous acquérir une hygiène de vie équilibrée et saine.

L'histoire a démontré que les moines et les moniales ont toujours été de vigilants serviteurs et de bons cultivateurs de la terre qui était confiée à leurs soins. Les

Les bons légumes du monastère

heures qu'ils passent chaque année au jardinage à temps plein ou à temps partiel, depuis le semis des premières graines jusqu'à la récolte des derniers légumes, est pour eux une récompense et, bien sûr, un intense moment de bonheur. Il en est ainsi en dépit de la nature pénible et sans fin de leur travail. Bien entendu, leur véritable récompense se manifeste lorsque les nouveaux légumes frais arrivent sur la table du monastère, au grand délice de tous ceux qui les partagent. Dans un monastère, le jardinage est à la fois une tâche et un art. C'est la solide expérience accumulée pendant des années qui apporte la maîtrise des méthodes convenables au moine jardinier et le grand nombre de petits secrets nécessaires à sa réussite. Et que rien ne peut, bien entendu, remplacer ! La moniale ou le moine jardinier, tout comme tous ceux qui considèrent sérieusement ce sujet, doivent en connaître tous les rudiments, comme les saisons de culture, le temps qu'il fait et les qualités du sol, et ils doivent toujours se laisser guider par mère Nature.

Chaque saison a son importance propre. Il y a un temps pour préparer et structurer le sol, un temps pour planter et laisser germer, un temps pour cultiver et laisser croître, et un temps pour récolter les fruits et moissonner. Chaque saison amène aussi sa propre variété de légumes — certains pour le printemps et l'été, d'autres pour l'automne et même pour l'hiver. Vivre et jardiner en harmonie avec les saisons permet aux moniales et aux moines jardiniers d'approvisionner la table du monastère en légumes gorgés de vitamines et d'éléments nutritifs, à la saveur et à la fraîcheur incomparables, aux belles couleurs et aux textures appétissantes. Les légumes ainsi récoltés sont amenés à la cuisine du monastère où ils sont traités avec le plus grand respect. Il ne reste alors plus au cuisinier qu'à mettre en œuvre son talent et son bon goût pour créer des plats pleins d'imagination que le palais peut savourer et dont il se souvient encore longtemps après les avoir dégustés.

Bien entendu, tout le monde ne possède pas son carré de terre ou n'a pas le temps de cultiver un jardin, aussi souhaitable que cela puisse être. Toutefois, de nos jours, cela ne constitue pas une bonne raison pour se priver de légumes frais. Nous avons la chance de pouvoir en trouver dans tous les supermarchés du pays, ainsi que dans les marchés locaux, au bord des routes de campagne et dans un grand nombre d'autres endroits en ville ou à la campagne. Et leur fraîcheur fait toute la différence du monde. Tout cuisinier soucieux d'une bonne alimentation et de saveurs agréables recherche les légumes les plus frais possible qu'il peut trouver dans son entourage immédiat. Ceux-ci conservent en effet l'essentiel de leur valeur nutritive originale et offrent un grand choix de textures et de saveurs délicieuses.

Les recettes de ce livre ne comportent pas de viande, mais cela ne veut pas dire qu'elles sont réservées aux végétariens. Les légumes sont pour tout le monde !

En créant ces nouvelles recettes et en les présentant au lecteur, il ne m'est jamais venu à l'esprit qu'elles étaient réservées à un seul groupe de personnes. Au contraire, elles sont d'abord dédiées à tous ceux qu'une saine alimentation intéresse, qui sont las de présenter les légumes à table de la même manière et qui en cherchent de plus innovatrices pour exploiter les innombrables possibilités qu'ils offrent. Bien que la plupart de ces recettes puissent se suffire à elles-mêmes, elles accompagnent aussi délicieusement les plats à base de viande, d'œufs ou de poisson. Certaines peuvent servir à réaliser de merveilleuses soupes ou de succulents hors-d'œuvre, d'autres, des salades et d'autres encore, des plats principaux et des plats d'accompagnement. C'est à l'imagination du chef à s'adapter et à les recréer pour en faire la surprise à sa famille, ses amis ou ses invités. Je souhaite vivement que vous puissiez ainsi redécouvrir les légumes sous un nouvel éclairage, qu'ils vous paraissent encore plus appétissants qu'auparavant et qu'ils deviennent la base d'une cuisine plus saine et plus raffinée.

J'espère que ces recettes vous aideront à améliorer *la bonne table* dans votre foyer et apporteront le bonheur à vous, à votre famille et à vos amis.

FRÈRE VICTOR-ANTOINE

Artichaut

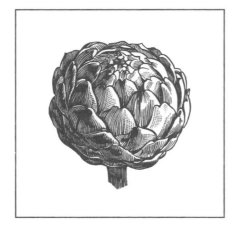

(cynara scolymus)

Comme dans le cas de nombreuses autres espèces de légumes qui ont survécu jusqu'à nos jours, l'artichaut est originaire des pays entourant la Méditerranée. On le mentionne fréquemment dans l'ancienne littérature grecque. Non seulement les Égyptiens le consommaient, mais ils buvaient aussi l'eau bouillie salée dans laquelle il avait cuit comme médicament contre certains types d'affections. Les Romains l'utilisaient souvent pour accompagner leurs plats les plus raffinés et le servaient avec leurs meilleurs poissons. C'est grâce à ces derniers qu'il a été introduit en Espagne et en France, et plus tard dans d'autres pays d'Europe. Quelque peu oublié par l'aristo-cratie pendant le Moyen Âge, il a été redécouvert et remis à la mode au cours de la Renaissance, d'abord à Florence, en 1466, par un certain Filippo Strozzi, puis plus tard en France par Catherine de Médicis dont il était l'un des légumes préférés — elle le considérait comme un mets délicat. Sous son règne, elle en répandit la culture dans toute la France. Sous le règne du roi Henri IV, il était non seulement mangé couram-ment dans les villes et les campagnes de France, mais il était aussi utilisé en tant qu'aphrodisiaque. À partir de la France, de l'Espagne et de l'Italie, sa culture s'est répandue, surtout au début du XXe siècle, dans d'autres pays au climat plus doux comme l'Argentine, ainsi que dans certaines régions des États-Unis, plus particuliè-rement la Californie.

Aujourd'hui, l'artichaut fait partie intégrante de certaines cuisines raffinées, comme celles de France, d'Espagne, d'Italie, de Grèce, etc. Il est souvent servi en salade, en entrée, ou alors il compte parmi les ingrédients de plats tels le risotto ou les pâtes. Il contient des vitamines A, B et C qui en font un légume précieux pour la santé.

Il faut une certaine pratique et de la patience pour cuisiner l'artichaut, et pour cette raison le cuisinier pressé n'hésite pas à l'employer surgelé ou en conserve dans ses plats de tous les jours.

Les bons légumes du monastère

Artichauts à la basquaise

4 artichauts parés

4 c. à soupe de jus de citron

I petite laitue effeuillée

4 tomates moyennes, coupées en quartiers
   dans le sens de la longueur

4 œufs durs, en rondelles

I petit oignon rouge, en tranches fines

Olives vertes

VINAIGRETTE

7 c. à soupe d'huile d'olive vierge

2 c. à soupe de vinaigre de vin

2 c. à soupe de jus de citron

Sel et poivre fraîchement moulu, au goût

Cuire les artichauts dans de l'eau bouillante salée, additionnée de 4 c. à soupe de jus de citron, pendant 30 minutes, jusqu'à ce qu'ils soient tendres. Les retirer du feu et les rincer sous un jet d'eau froide. Détacher et jeter les feuilles, en séparer les cœurs et les réfrigérer jusqu'au moment de servir.

Au moment de servir, étaler la laitue dans 4 assiettes. Déposer I cœur d'artichaut au centre des feuilles et l'entourer en alternance des quartiers de tomate et des rondelles d'œuf dur. Lui ajouter l'oignon et garnir de quelques olives.

Préparer la vinaigrette, bien la remuer et en napper chaque salade.

Note: Cette recette fait un merveilleux amuse-gueule que l'on peut servir toute l'année.

Artichauts à la grecque

16 petits artichauts

4 c. à soupe de jus de citron

8 c. à soupe d'huile d'olive

1 feuille de laurier

Quelques brins de coriandre fraîche,
  hachés finement

Sel et poivre, au goût

2 tomates mûres, pelées, épépinées et en
  petits dés

Pour parer l'artichaut avant la cuisson, casser la tige et les feuilles de la base et le poser à l'horizontale sur une planche à découper. À l'aide d'un couteau tranchant, couper à ras toutes les feuilles de la base pour dégager le fond. Couper ensuite à ras les feuilles tout autour du cœur. Écourter enfin les feuilles qui restent au-dessus et raser le foin en prenant soin de ne pas abîmer le cœur. Quand un artichaut est paré, le plonger tout de suite dans une casserole remplie d'eau froide additionnée du jus de citron et laisser tremper 30 minutes.

Utiliser un grand poêlon profond, y déposer les cœurs d'artichaut, ajouter 6 c. à soupe d'huile d'olive, le laurier, la coriandre, le sel et le poivre, puis recouvrir d'eau citronnée. Couvrir et cuire pendant 15 minutes à feu modéré, jusqu'à ce que les cœurs soient tendres. Laisser refroidir à même le poêlon dans le liquide qui reste.

Au moment de servir, égoutter précautionneusement les cœurs d'artichaut et les déposer dans un grand saladier. Ajouter les tomates, arroser de quelques gouttes de jus de citron et de 2 c. à soupe d'huile d'olive. Bien mélanger et servir.

Note : Cette recette peut être servie comme amuse-gueule, pour accompagner le plat principal ou en salade après le plat principal.

Ragoût d'artichauts

10 artichauts (ou 4 boîtes de 200 g (6 oz) d'artichauts à l'huile, bien égouttés et rincés à l'eau froide)

4 c. à soupe de jus de citron

450 g (1 lb) de champignons

30 g (1 oz) de beurre

2 échalotes hachées finement

4 brins de cerfeuil, hachés finement

2 c. à café (2 c. à thé) de farine ou de fécule de maïs

Sel et poivre, au goût

Si vous utilisez des artichauts frais, préparez-les selon les indications des Artichauts à la grecque (page 18).

Faire bouillir les artichauts 12 minutes (1 minute seulement pour des artichauts en conserve). Les égoutter et réserver. Ôter l'excès de foin ou ce qu'il en reste et détailler les cœurs en tranches d'épaisseur égale.

Laver et nettoyer les champignons, les laisser entiers et ne couper que les pieds.

Faire fondre le beurre dans un poêlon profond ou dans une sauteuse. Y jeter les cœurs d'artichaut et les champignons et faire revenir à feu doux pendant 4 à 5 minutes.

Au bout de 5 minutes, ajouter les échalotes, le cerfeuil, la farine ou la fécule, le sel et le poivre, puis bien mélanger le tout. Laisser encore 1 à 2 minutes, puis couvrir le poêlon et éteindre le feu. Servir chaud.

Note : Ce délicieux ragoût fait une succulente entrée que l'on peut servir toute l'année.

Salade d'artichauts

4 PORTIONS

12 artichauts (ou 3 boîtes de 170 g (6 oz)
   d'artichauts à l'huile, bien égouttés
   et rincés à l'eau froide)
4 œufs durs, en quartiers
4 tomates, en quartiers

12 olives noires, dénoyautées
1 petit oignon rouge, en rondelles
Feuilles de basilic frais, hachées finement
   (comme garniture)

VINAIGRETTE

7 c. à soupe d'huile d'olive
3 c. à soupe de vinaigre balsamique

Sel et poivre fraîchement moulu, au goût

Si on utilise des artichauts frais, il faut les préparer selon les indications des Artichauts à la grecque (page 18). Si on utilise des artichauts en conserve, on ne les laisse bouillir que pendant 1 minute.

Répartir également les artichauts, les œufs, les tomates et les olives dans 4 assiettes de service. Étaler les rondelles d'oignon par-dessus.

Au moment de servir, préparer la vinaigrette en mélangeant bien tous les ingrédients. En napper uniformément toutes les assiettes, garnir le dessus de basilic haché et servir.

Note : Cette succulente recette peut être servie comme une salade, en entrée ou comme plat principal le midi.

Asperge

(asparagus officinalis)

L'asperge était déjà bien connue dans l'Antiquité. Nous la trouvons, par exemple, gravée dans les hiéroglyphes égyptiens. Nous savons aussi que les Grecs l'utilisaient en guise d'aphrodisiaque et que les Romains enrichissaient une préparation de ce que nous appelons aujourd'hui des «pâtes» en ajoutant à la farine de la crème d'asperges pour en améliorer la texture et la saveur.

Toutefois, l'asperge fut longtemps négligée par la suite sur la plupart des tables, jusqu'à ce qu'elle réapparaisse ou soit réintroduite dans les cuisines européennes vers le XVIIIe siècle. De là elle fut importée en Amérique où elle est largement cultivée depuis et grandement appréciée à table. Au début du printemps, nous sommes tous ravis de la voir arriver en grande quantité sur nos marchés et sur les petits étals des cultivateurs au bord des routes. Quand on achète des asperges fraîches au marché, mieux vaut choisir celles dont les tiges sont fermes et ne présentent pas de trace de dessèchement ni de flétrissure.

Il existe plusieurs variétés d'asperges. En Europe, l'asperge blanche est particulièrement estimée à table. Cependant, en Amérique du Nord, où cette variété est moins bien connue, c'est l'asperge verte qui est le plus couramment servie et appréciée. Tout comme pour le maïs, l'asperge est plus savoureuse lorsqu'on la mange très peu de temps après la cueillette ; il ne faut donc pas la conserver trop longtemps au réfrigérateur, mais la consommer le plus rapidement possible.

Comme c'est le cas pour les autres légumes, l'asperge peut être préparée d'un grand nombre de manières : en potage velouté, par exemple, ou servie entière avec sa tige, chaude, rafraîchie ou à la température ambiante. Généralement, elle est encore meilleure lorsqu'elle est servie en plat comme tel ou lorsqu'elle est servie seule, pour que son incomparable saveur soit pleinement appréciée. Cette façon de voir nous amène le plus souvent à servir l'asperge en soupe ou en hors-d'œuvre, comme c'est le cas dans les recettes présentées ici.

Asperges à la milanaise

450 g (1 lb) d'asperges fraîches
Sel, au goût
2 c. à soupe de jus de citron
45 g (½ tasse) de parmesan râpé

Beurre
4 œufs
Poivre fraîchement moulu, au goût

Réunir les asperges en botte et les attacher avec de la ficelle. Les déposer dans une grande casserole remplie d'eau bouillante additionnée de sel et de jus de citron, puis les faire blanchir de 4 à 5 minutes ou jusqu'à ce qu'elles soient tendres tout en restant fermes. Bien les égoutter.

Beurrer soigneusement un long plat à gratin et y déposer délicatement les asperges égouttées. Recouvrir de parmesan et mettre au four à 150 °C (300 °F) pendant 10 minutes.

Au moment de servir, faire fondre le beurre dans un grand poêlon, y casser les œufs et faire cuire entièrement le blanc, tout en gardant le jaune moelleux. Saupoudrer de sel et de poivre au goût.

Répartir les asperges dans des assiettes préchauffées, et déposer délicatement 1 œuf cuit sur chaque portion. Servir immédiatement.

Note : Voici un plat qui convient très bien au brunch du dimanche ou d'un jour de fête, mais qui peut aussi être servi comme plat principal accompagné de pain italien frais pour un repas léger du printemps, lorsque les asperges sont abondantes.

Risotto aux asperges

5 c. à soupe d'huile d'olive ou de beurre

1 oignon moyen, haché

1 branche de céleri, finement émincée

200 g (1 tasse) d'asperges, en tronçons de 2,5 cm (1 po)

350 g (2 tasses) de riz arborio ou autre riz au choix

1,25 L (5 tasses) d'eau bouillante ou de bouillon de légumes

1 cube de bouillon (saveur au choix)

25 cL (1 tasse) de vin blanc sec

Sel et poivre noir fraîchement moulu, au goût

½ c. à café (½ c. à thé) de thym

45 g (½ tasse) de parmesan ou de romano râpé

Parmesan ou romano râpé, pour le service à table

Faire fondre le beurre dans une grande casserole en fonte. Ajouter l'oignon, le céleri et les asperges, puis faire revenir environ 3 minutes ou jusqu'à ce que les légumes commencent à être fondants. Rajouter du beurre ou de l'huile au besoin.

Ajouter le riz et remuer constamment pendant 1 à 2 minutes jusqu'à ce qu'il soit entièrement enrobé et qu'il devienne translucide. Verser progressivement l'eau bouillante sans cesser de remuer. Ajouter le cube de bouillon et le vin, puis continuer à remuer. À mi-cuisson, ajouter le sel, le poivre et le thym, puis continuer à remuer jusqu'à cuisson complète du riz.

Lorsque le riz est cuit, ajouter le fromage et remuer vigoureusement pour qu'il fonde en entier et s'incorpore au riz. Servir le risotto chaud, accompagné de fromage râpé.

Note : Ce savoureux risotto constitue un délicieux plat principal pour recevoir la famille ou des amis.

Purée d'asperges

450 g (1 lb) d'asperges

2 c. à café (2 c. à thé) de jus de citron

2 échalotes hachées finement

6 c. à soupe de vin blanc sec

22 cL (8 oz) de crème à 35 % ou de crème sure (crème aigre)

Sel et poivre, au goût

3 c. à café (3 c. à thé) d'estragon, haché finement

Beurre en quantité suffisante

Parer les asperges en pelant la partie dure et en retirant le bout de la tige. Les déposer dans une grande casserole d'eau salée et amener à ébullition. Ajouter le jus de citron et les faire blanchir pendant 6 à 8 minutes, jusqu'à ce qu'elles soient tendres. Bien les égoutter.

Mettre les asperges cuites dans le récipient du mélangeur électrique et les réduire en purée.

Réunir les échalotes et le vin dans une casserole et faire chauffer légèrement ; au bout d'une minute, ajouter la crème à 35 % ou la crème sure (crème aigre). Remuer continuellement jusqu'à ce que la crème atteigne le point d'ébullition. Ajouter alors la purée d'asperges, le sel, le poivre et l'estragon, puis continuer à remuer jusqu'à ce que tous les ingrédients soient bien mélangés. Servir chaud. Si on veut préparer cette recette à l'avance, il faut beurrer un plat à gratin et y déposer la purée. Mettre le plat dans le four préchauffé pour conserver la purée au chaud jusqu'au moment de servir.

Note : Cette purée accompagne délicieusement les plats d'œufs, de poisson ou de viande.

Asperges frites

20 asperges (5 par personne), parées
environ 8 c. à soupe de farine
2 œufs battus

Chapelure
Huile (pour la friture)

Couper les asperges en tronçons de 15 à 18 cm (6 à 7 po) et en jeter le bout dur. Les plonger dans de l'eau bouillante salée et les cuire pendant 5 à 6 minutes. Les égoutter, les rincer sous un jet d'eau froide et les assécher avec du papier absorbant.

Avec précaution, rouler chaque tronçon dans la farine, puis dans les œufs battus et enfin dans la chapelure.

Verser l'huile dans un poêlon et la faire chauffer. Lorsqu'elle est chaude, y déposer 4 bâtonnets d'asperge à la fois et les frire délicatement de tous les côtés en veillant à ce qu'ils soient dorés, mais restent entiers.

Si, lorsque tous les tronçons sont prêts, on désire les servir un peu plus tard, on doit les déposer dans un plat à gratin beurré et ne les mettre au four, à 100 °C (200 °F), que 10 à 15 minutes avant de servir.

Note : Servir ces asperges en entrée ou pour accompagner le plat principal.

Soupe aux asperges de saint Michel

225 g (½ lb) d'asperges, partie dure enlevée et coupées en tronçons de 2,5 cm (1 po)

1 pomme de terre, pelée et en dés

4 échalotes émincées

2 carottes moyennes, en rondelles

2 L (8 tasses) d'eau

0,25 L (1 tasse) de crème moitié-moitié (crème légère)

2 c. à soupe de beurre ou de margarine

Sel et poivre, au goût

Cuire les légumes dans de l'eau bouillante salée jusqu'à ce qu'ils soient tendres. Les verser dans le mélangeur électrique et homogénéiser jusqu'à consistance lisse.

Remettre la soupe dans la casserole, ajouter la crème, le beurre ou la margarine, le sel et le poivre, puis amener à ébullition sans cesser de remuer. Couvrir et laisser mijoter encore 10 minutes. Servir très chaud.

Salade d'asperges Mimosa

Eau en quantité suffisante
Une pincée de sel
20 asperges fraîches, parées
1 petite laitue Boston

200 g (2 tasses) de betteraves cuites,
  en julienne
4 œufs durs, hachés

VINAIGRETTE

8 c. à soupe d'huile d'olive
4 c. à soupe de vinaigre de cidre
1 c. à café (1 c. à thé) de moutarde de Dijon

1 échalote, hachée finement
Sel et poivre, au goût

Porter l'eau à ébullition dans une grande casserole. Ajouter une pincée de sel et les asperges parées et cuire pendant 3 minutes. Les égoutter et les rincer sous un jet d'eau froide. Les égoutter de nouveau et réserver.

Laver les feuilles de laitue et bien les assécher. Réserver.

Préparer la vinaigrette en en mélangeant tous les ingrédients.

Étaler 3 feuilles de laitue sur chacune des 4 assiettes. Déposer 5 asperges par-dessus et disposer les betteraves de part et d'autre. Garnir chaque portion en la parsemant uniformément du hachis d'œufs durs. Napper chaque portion de vinaigrette et servir aussitôt.

Aubergine

(solanum melongena)

Tout comme la tomate, l'aubergine est bel et bien un fruit. Au Moyen Âge, on l'appelait *mala insana*, la « mauvaise pomme » ou la « pomme folle ». Malheureusement, ces noms péjoratifs demeurèrent populaires en Europe jusqu'au XVe siècle. Plusieurs scientifiques de cette époque comme Leonardo Fuchsius ou même sainte Hildegarde de Bingen contribuèrent à sa mauvaise réputation. Sainte Hildegarde, par exemple, conseillait d'en limiter l'utilisation à son seul usage thérapeutique et la recommandait pour soigner l'épilepsie.

Comme l'aubergine avait très mauvaise réputation en Europe, il fallut des siècles avant qu'elle soit appréciée. Mais celle qu'elle avait dans les pays d'Asie comme la Chine, le Japon, l'Inde et l'Iran était excellente. Cela n'a rien d'étonnant, car il semble bien qu'elle soit native du continent asiatique. Progressivement, au XIXe siècle, elle a commencé à prendre une place importante dans certaines régions du pourtour de la Méditerranée comme l'Italie, la Provence en France, ainsi que l'Espagne, où l'on pense qu'elle a été introduite par les Maures. De là, elle a été transportée sur le continent américain et y est aujourd'hui couramment cultivée et consommée. Désormais, nous pouvons même en trouver de toutes couleurs, formes et tailles.

D'un point de vue nutritionnel, l'aubergine contient peu de calories, car elle est principalement composée d'eau. Mais, d'un point de vue médicinal, elle possède des vertus diurétiques et « anticholestérol » qui compensent sa faible valeur nutritionnelle.

Dans la cuisine de notre monastère, elle est associée à d'autres produits et saveurs de ces régions méditerranéennes dans lesquelles la préparation de plats à base d'aubergine, d'ail, d'oignon, d'olive et de son huile, de tomate, de basilic, de thym, de romarin ainsi que d'autres herbes aromatiques est devenue une forme d'art. De temps à autre, il m'arrive d'essayer quelques recettes du Proche-Orient dont elle est le principal ingrédient.

Petites aubergines farcies à la tomate

4 aubergines (petites ou moyennes)	1 œuf battu
5 c. à soupe d'huile d'olive	Sel et poivre, au goût
1 oignon émincé	Pincée de cumin
1 gousse d'ail, hachée finement	Persil fraîchement haché (comme garniture)
6 brins de persil, ciselés	Beurre en quantité suffisante

SAUCE TOMATE À LA FRANÇAISE

5 tomates mûres	Quelques brins de persil, hachés
1 oignon moyen	4 c. à soupe d'huile d'olive
2 gousses d'ail	Sel et poivre, au goût

Fendre les aubergines en deux dans le sens de la longueur et les laisser dégorger pendant 1 heure dans un récipient d'eau salée. Les assécher et les évider délicatement en veillant à ne pas abîmer la peau. Hacher la pulpe.

Verser l'huile dans un poêlon, ajouter la pulpe hachée, l'oignon, l'ail et le persil, puis faire revenir pendant 2 à 3 minutes à feu moyen. Retirer du feu et ajouter l'œuf battu, le sel, le poivre et le cumin, puis bien mélanger le tout.

Farcir les aubergines évidées avec ce mélange, les ranger dans un plat à gratin bien beurré, recouvrir d'une feuille d'aluminium et cuire au four à 180 °C (350 °F) pendant 30 minutes.

Pour préparer la Sauce tomate à la française, réunir les tomates, l'oignon, l'ail et le persil, puis homogénéiser le tout au mélangeur électrique. Verser l'huile d'olive dans un poêlon profond, ajouter le mélange à la tomate et faire cuire doucement à feu modéré pendant 20 minutes en remuant souvent, jusqu'à ce que le mélange réduise et se transforme en coulis. Ajouter du sel et du poivre au goût.

Déposer les aubergines farcies dans des assiettes réchauffées et les napper de coulis de tomate. Parsemer de persil haché et servir chaud.

Aubergines au gratin

2 grosses aubergines, en rondelles de 2,5 cm (1 po) d'épaisseur

Sel

6 grosses tomates mûres, lavées

1 gros oignon pelé

3 gousses d'ail, pelées

8 feuilles de basilic

Quelques feuilles d'origan ou de thym

Poivre, au goût

Huile d'olive en quantité suffisante

Chapelure en quantité suffisante

Plonger les aubergines dans un grand récipient rempli d'eau. Ajouter le sel, remuer plusieurs fois et laisser dégorger pendant 1 heure. Sortir les aubergines de l'eau et les égoutter.

Entre-temps, couper les tomates, l'oignon et l'ail en morceaux, puis les déposer dans le récipient du mélangeur électrique. Ajouter le basilic, l'origan ou le thym, du sel et du poivre au goût, puis réduire le mélange en purée.

Bien huiler un plat à gratin et y étaler uniformément la moitié des tranches d'aubergine. Napper de la moitié de la purée de tomates, déposer par-dessus une deuxième couche d'aubergine et finir par la purée de tomates. Arroser d'un filet d'huile d'olive et parsemer toute la surface du plat de chapelure. Mettre au four à 180 °C (350 °F) et laisser cuire pendant 30 minutes. Laisser refroidir quelques minutes avant de servir.

Aubergines à la méridionale

4 grosses aubergines

6 tomates mûres

5 gousses d'ail, hachées finement

Beurre en quantité suffisante

1 c. à soupe de thym émietté, frais si possible

6 c. à soupe de feuilles de basilic, hachées finement

Sel et poivre, au goût

38 cL (1 ½ tasse) d'huile d'olive

Couper les aubergines en tranches épaisses et les laisser dégorger dans un récipient d'eau salée pendant au moins 1 heure.

Laver les tomates et les couper en tranches. Hacher finement l'ail. Laisser égoutter les aubergines.

Beurrer un long plat à gratin ou y étaler de l'huile et ranger les aubergines de côté en les faisant alterner avec les tomates. Former un second rang de tomates et d'aubergines jusqu'à ce que le plat soit rempli. Insérer un peu d'ail et d'herbes aromatiques entre les tranches et saupoudrer le dessus du plat de sel et de poivre.

Avant de mettre le plat au four, arroser uniformément toute la surface des légumes d'huile d'olive. Recouvrir d'une feuille d'aluminium et cuire à 180 °C (350 °F) pendant 50 à 60 minutes. Servir chaud.

Caviar d'aubergine

4 grosses aubergines

6 c. à soupe d'huile d'olive vierge

4 tomates pelées, épépinées et en dés

2 échalotes hachées finement ou I oignon moyen

I grosse gousse d'ail, hachée finement

Persil frais, haché finement

Thym frais, au goût

Sel et poivre, au goût

22 cL (8 oz) de crème sure (crème aigre) hypocalorique

Fendre les aubergines en quatre dans le sens de la longueur. Verser la moitié de l'huile d'olive dans un grand poêlon et faire cuire les aubergines 12 minutes à feu modéré en les retournant souvent et en rajoutant de l'huile si nécessaire. Lorsqu'elles sont cuites, les laisser refroidir. Séparer délicatement la pulpe de la peau, jeter la peau et hacher finement la pulpe avec un grand couteau. Réserver.

Déposer les tomates dans un saladier profond. Ajouter l'huile d'olive qui reste, les échalotes ou l'oignon, l'ail, le persil, le thym ainsi que du sel et du poivre fraîchement moulu au goût. Bien mélanger le tout. Ajouter l'aubergine hachée et mélanger de nouveau avant de réfrigérer pendant au moins 2 heures.

Sortir le saladier du réfrigérateur au moment de servir. Rectifier l'assaisonnement, ajouter la crème et travailler le mélange à la fourchette jusqu'à ce qu'il prenne la consistance d'une purée.

Note : Cette recette peut être servie comme trempette avec des craquelins ou des tranches de pain grillé. On peut aussi l'employer pour farcir des tomates ou des œufs durs.

Ratatouille d'aubergines du monastère

4 À 6 PORTIONS

4 aubergines moyennes
Sel
2 gros oignons
8 cL (⅓ tasse) d'huile d'olive
6 tomates pelées, épépinées et concassées
3 courgettes, en tranches
1 poivron rouge, en lamelles coupées dans le sens de la longueur

1 poivron jaune, en lamelles coupées dans le sens de la longueur
4 gousses d'ail, hachées finement
170 g (6 oz) d'olives noires, dénoyautées
1 bouquet garni (herbes de Provence: feuille de laurier, brins de thym, de basilic, de persil frais et de romarin, attachés ensemble)
Poivre, au goût

Couper les aubergines en morceaux et les laisser dégorger pendant 1 heure dans un récipient plein d'eau froide salée. Les rincer ensuite à l'eau froide et les égoutter soigneusement.

Émincer les oignons, puis les faire revenir à feu modéré pendant 2 à 3 minutes avec l'huile d'olive dans un faitout ou une casserole en fonte.

Ajouter les tomates et les aubergines, bien remuer, couvrir et cuire de 4 à 5 minutes.

Ajouter les courgettes, les poivrons, l'ail, les olives, le bouquet garni, le sel et le poivre. Bien remuer et couvrir de nouveau. Réduire à feu doux et laisser mijoter pendant 25 à 30 minutes ou jusqu'à ce que la majorité du liquide soit évaporée, en remuant de temps à autre pour éviter que les légumes ne collent au fond.

Lorsque la ratatouille est cuite, ôter et jeter le bouquet garni, puis la servir chaude ou la réfrigérer pendant plusieurs heures et la servir froide.

Avocat

(persea americana)

Contrairement à la croyance populaire, l'avocat n'est pas un légume mais un fruit. La confusion vient de ce qu'il est habituellement utilisé en cuisine comme un légume et non comme un fruit. Comme la plupart des autres légumes, il est surtout présenté à table dans des plats salés et il est rarement utilisé ou servi au dessert dans des préparations sucrées, du moins en Amérique du Nord. Cependant, en cuisine tout peut changer et rien n'interdit de lui faire jouer son propre rôle de fruit en l'apprêtant en dessert. Quoi qu'il en soit, dans ce livre je m'en tiens à l'usage courant et je le traite donc exclusivement sous la forme de légume.

L'avocatier est cultivé depuis des siècles dans les Caraïbes, ainsi qu'en Amérique centrale et du Sud. Au XXe siècle, sa culture s'est étendue à d'autres pays comme Israël, la Turquie, l'Afrique du Sud, l'Australie et les États-Unis, où les climats de la Floride et de la Californie sont favorables à sa culture. Évidemment, comme la demande augmente, sa culture à des fins commerciales continue de s'étendre à d'autres parties du monde.

De son nom d'origine aztèque *ahuacatt*, l'avocat a pris en espagnol celui de *aguacate* avant de devenir *avocado* en anglais. Le fruit de l'avocatier est de forme ovale ou ronde, selon sa variété. Sa pulpe est habituellement jaune ou vert pâle et renferme un noyau unique de grande taille. Parmi les nombreuses variétés, trois sont mieux connues que les autres. Elles diffèrent selon leur lieu d'origine : Mexique, Amérique centrale (principalement le Guatemala) et Caraïbes.

L'avocat contient une grande quantité de graisse végétale (parfois plus de 25 % d'huile). Il est riche en vitamine A, en protéines, en riboflavine et en thiamine. Il va sans dire qu'il est devenu très populaire auprès des végétariens, pour lesquels il est d'un grand secours dans l'équilibre de leur alimentation.

Étant donné que l'avocat n'a en général pas une très longue espérance de vie — car il a tendance à mûrir et à noircir assez vite après avoir été pelé et coupé —, il faut le servir aussi rapidement que possible. Un bon moyen de le conserver et de préserver son apparence est de l'arroser copieusement de jus de citron. Le jus agit non seulement comme un agent de conservation, mais il accentue la saveur originale de noisette de l'avocat qui lui est si particulière.

« Trempette » à l'avocat et au tofu

2 avocats mûrs, pelés et dénoyautés

225 g (½ lb) de tofu

1 c. à soupe de paprika

2 c. à soupe de jus de citron

2 c. à soupe d'huile d'olive

2 échalotes ou 1 petit oignon, hachés finement

4 c. à soupe de coriandre fraîche, hachée finement

Sel et poivre, au goût

Réunir tous les ingrédients dans le récipient du mélangeur électrique et les homogénéiser quelques secondes. Rectifier l'assaisonnement et verser le mélange dans un saladier. Réfrigérer jusqu'au moment de servir.

Note : Cette trempette peut être accompagnée de tortillas, de biscottes ou de craquelins. C'est là une préparation saine et nourrissante.

Soupe à l'avocat des saints Pierre et Paul

4 À 6 PORTIONS

3 blancs de poireaux, nettoyés et en tranches
1,5 L (6 tasses) d'eau
3 avocats, pelés, coupés en deux et dénoyautés
3 c. à soupe de jus de citron

22 cL (8 oz) de crème sure (crème aigre) hypocalorique
1 c. à café (1 c. à thé) de paprika
Sel et poivre, au goût
Zeste de citron (comme garniture)

Déposer les poireaux dans une casserole, ajouter l'eau et porter à ébullition. Baisser à feu modéré et cuire de 15 à 20 minutes. Retirer la casserole du feu, laisser refroidir la soupe aux poireaux, puis l'homogénéiser au mélangeur électrique ou au robot de cuisine. La remettre dans la casserole ou la transvaser dans une soupière.

Réunir les avocats, le jus de citron, la crème sure (crème aigre), le paprika, le sel et le poivre dans le mélangeur ou le robot et homogénéiser pendant 1 minute. Ajouter ce mélange à la soupe aux poireaux et battre à la cuillère. Réfrigérer pendant au moins 2 heures avant de servir. Servir froid et parsemer chaque assiette de zeste de citron.

Cette soupe est souvent servie dans notre monastère pendant l'été, tout spécialement le 29 juin, jour de la fête des apôtres Pierre et Paul, les fondateurs de l'Église. Les images de ces apôtres sont pieusement vénérées dans notre chapelle.

Salade de mâche à l'avocat

4 PORTIONS

4 petits avocats pelés et coupés en tranches
  dans le sens de la longueur

1 gros bouquet de feuilles de mâche, lavées
  et essorées

150 g (1 tasse) de petits pois frais
  ou surgelés (gros)

1 échalote hachée finement

4 petits concombres (cornichons), en tranches

VINAIGRETTE

5 c. à soupe d'huile de noisette

3 c. à soupe de jus de citron

Pincée de paprika

Sel et poivre fraîchement moulu, au goût

Réunir les légumes dans un grand saladier.

Préparer la vinaigrette en mélangeant bien tous les ingrédients. Au moment de servir, napper les légumes de vinaigrette dans le saladier et remuer délicatement plusieurs fois jusqu'à ce qu'ils en soient bien enduits. Servir aussitôt.

Note : Cette salade fait habituellement une succulente entrée le midi ou lors d'un brunch. Elle est particulièrement savoureuse si elle est préparée avec de la mâche et des petits pois fraîchement cueillis dans le jardin.

Salade d'avocat au fromage de chèvre

1 petite laitue Bibb, lavée et essorée
1 fromage de chèvre en forme de bûche ou
   de bâtonnet de 225 g (8 oz), coupé en 4
2 avocats pelés, coupés dans le sens de la
   longueur

Coriandre fraîche, hachée finement
   (comme garniture)
Ciboulette fraîche, ciselée finement
   (comme garniture)

VINAIGRETTE

6 c. à soupe d'huile d'olive
3 c. à soupe de jus de citron

Sel et poivre, au goût

Détacher les feuilles de laitue et en garnir 4 assiettes à salade.

Disposer les 4 parts de fromage de chèvre sous le gril du four à 180 °C (350 °F) pendant 5 minutes, jusqu'à ce qu'elles commencent à fondre.

Pendant que le fromage est au four, déposer un demi-avocat sur la laitue de chacune des assiettes.

Préparer la vinaigrette en mélangeant bien tous les ingrédients. Lorsque le fromage est fondu, en déposer une part sur chaque demi-avocat. Napper chaque portion d'un peu de vinaigrette et parsemer de coriandre et de ciboulette hachées.

Note : Cette recette constitue un amuse-gueule aussi délicieux que nutritif à déguster tout au long de l'année.

Guacamole

4 avocats mûrs, pelés et réduits en purée

2 tomates pelées, épépinées et hachées

1 oignon moyen, en dés

1 petit poivron rouge, en dés

1 petit poivron vert, en dés

3 c. à soupe de coriandre fraîche, hachée
  finement

2 c. à soupe de crème sure (crème aigre) ou
  de yogourt nature

2 c. à soupe de jus de citron

Sel et poivre fraîchement moulu, au goût

Mettre la purée d'avocats dans un saladier profond. Ajouter les tomates hachées, les dés d'oignon et de poivron ainsi que la coriandre et bien mélanger le tout.

Ajouter la crème sure ou le yogourt, le jus de citron, ainsi que du sel et du poivre au goût. Bien mélanger les ingrédients de nouveau, puis réfrigérer jusqu'au moment de servir.

Betterave

(beta vulgaris)

Bien que la betterave soit originaire d'Afrique, ce sont les Grecs et les Romains qui ont encouragé et répandu sa culture à la fin de l'Antiquité. Ils la cultivaient surtout pour ses feuilles et non pas pour sa racine. Celles-ci étaient utilisées à la manière des épinards ou des bettes à carde aujourd'hui. Outre leur usage culinaire, elles servaient aussi à des fins médicinales, contre la constipation en particulier. Dans certains cas, on ajoutait leur eau de cuisson à du vin qui avait tourné pour lui redonner sa saveur originale.

Vers la fin du Moyen Âge, la racine de la betterave est devenue de plus en plus populaire. En fait, elle est devenue en France le principal ingrédient d'une soupe nommée «porée» qui était la plus populaire de cette époque.

En 1757, le chimiste Marggraf découvrit que le sucre extrait de la betterave était comparable à celui de la canne à sucre. D'où son nom de «betterave sucrière». Pour cette raison, l'intérêt pour les deux variétés de betteraves, la jaune et la rouge, augmenta et leur culture se répandit à travers l'Europe. En France seulement, sous l'empereur Napoléon, 42 000 hectares (105 000 acres) de plantations étaient exclusivement réservés à la production du sucre. Encore de nos jours, si l'on parcourt la campagne française au moment de la récolte, il est impressionnant de voir les énormes tas de betteraves sur le bord des routes, attendant d'être transportés vers les usines qui les transformeront en sucre pur.

Salade de betteraves au roquefort

6 betteraves rouges, moyennes

2 pommes

1 bouquet de mâche

1 endive, en tranches de 2,5 cm (1 po)

Ciboulette hachée finement (comme garniture)

SAUCE

12 cL (4 oz) de crème sure (crème aigre)

125 g (½ tasse) de roquefort émietté

1 petit oignon rouge, haché finement

4 c. à soupe de jus de citron

2 c. à soupe d'huile d'olive vierge

Pincée de graines de sésame grillées (facultatif)

Sel et poivre fraîchement moulu, au goût

Faire bouillir les betteraves pendant 5 minutes, puis les rincer à l'eau froide. Les peler et les couper en julienne. Peler les pommes et les couper aussi en julienne. Réunir pommes et betteraves dans un saladier et réfrigérer jusqu'au moment de servir.

Laver et essorer la mâche. La déposer dans un autre saladier avec l'endive.

Bien mélanger tous les ingrédients de la sauce et battre à la fourchette jusqu'à consistance crémeuse. Réfrigérer jusqu'au moment de servir.

Au moment de servir, préparer des assiettes individuelles, verser une égale quantité de sauce dans les 2 saladiers de légumes et remuer jusqu'à ce que ceux-ci soient parfaitement enrobés. Déposer les betteraves et les pommes sur un côté de chaque assiette, la mâche et l'endive sur l'autre. Garnir en parsemant de ciboulette.

Note : Voici une entrée élégante tout au long de l'année et particulièrement appétissante pendant l'été.

Salade de betteraves et de pommes de terre

4 PORTIONS

12 petites betteraves

12 petites pommes de terre pelées

16 petits oignons pelés

4 c. à soupe de ciboulette fraîche, hachée finement (comme garniture)

VINAIGRETTE

8 c. à soupe d'huile d'olive

3 c. à soupe de vinaigre blanc

Sel et poivre fraîchement moulu, au goût

2 c. à café (2 c. à thé) de moutarde

Couper les deux extrémités des betteraves et les faire bouillir pendant 25 à 30 minutes dans de l'eau salée, jusqu'à ce qu'elles soient tendres. Les égoutter et les rincer sous un jet d'eau froide, puis les peler et les réserver.

Faire bouillir séparément les pommes de terre et les oignons pendant 20 minutes dans de l'eau salée. Les pommes de terre doivent rester fermes et entières, tout comme les oignons, il faut donc éviter une cuisson prolongée. Égoutter les légumes et les laisser refroidir.

Au moment de servir, réunir les betteraves, les pommes de terre et les oignons dans un grand saladier profond. Préparer la vinaigrette en mélangeant bien tous les ingrédients. Napper les légumes et remuer délicatement. Garnir de ciboulette et servir.

Note : Si les pommes de terre ou les betteraves sont un peu trop grosses, on peut les couper en deux pour les servir. On peut aussi les présenter entières le plus souvent possible. Voici une délicieuse entrée à n'importe quel moment de l'année, mais elle est particulièrement agréable au milieu de l'été quand les petites betteraves et les pommes de terre sont nouvelles et tendres.

Betteraves à la dijonnaise

450 g (1 lb) de betteraves, pelées et en dés | Cerfeuil frais, haché finement (comme garniture)

SAUCE

2 c. à soupe de vermouth blanc
12 cL (½ tasse) de crème à 35 %

2 c. à soupe de moutarde de Dijon
Sel et poivre, au goût

Faire bouillir les betteraves pendant 7 à 8 minutes dans de l'eau salée. Les égoutter et les réserver.

Au moment de servir, préparer la sauce en mélangeant dans une casserole le vermouth, la crème, la moutarde, le sel et le poivre. Bien remuer et faire chauffer à feu doux. Y ajouter les betteraves et remuer constamment pendant 1 minute jusqu'à ce qu'elles soient réchauffées. Servir immédiatement en garnissant de cerfeuil.

Note: Ainsi préparées, les betteraves accompagnent délicieusement certains plats principaux à base de poisson ou d'œufs.

Soupe froide aux betteraves

6 À 8 PORTIONS

2 L (8 tasses) d'eau

6 grosses betteraves crues, pelées et en dés

2 blancs de poireaux, en tranches

2 échalotes pelées et hachées

2 branches de céleri, en tranches fines

1 cube de bouillon

2 c. à café (2 c. à thé) de sucre

Sel et poivre, au goût

2 pots de 225 g (8 oz) de yogourt hypocalorique nature

1 concombre moyen, pelé, évidé et haché finement

Aneth frais, haché finement, au goût

1 bouquet de ciboulette fraîche, hachée finement

Verser l'eau dans une marmite et y jeter les légumes, le cube de bouillon et le sucre. Porter à ébullition, couvrir et cuire doucement pendant 30 minutes à feu modéré.

Au bout de 30 minutes, ajouter le sel et le poivre, bien remuer et retirer la marmite du feu. Laisser refroidir la soupe 30 minutes. Homogénéiser au mélangeur électrique ou au robot de cuisine et réfrigérer dans un récipient pendant plusieurs heures ou même une journée entière avant de la servir.

Verser le yogourt dans un saladier profond, ajouter le concombre, l'aneth et la ciboulette, et bien remuer à la main. Réfrigérer. Au moment de servir, mélanger la soupe aux betteraves avec le mélange yogourt-concombre, puis homogénéiser au mélangeur électrique. Servir très froid.

Note : Cette soupe fait une entrée idéale par une chaude journée d'été.

Betteraves à la rémoulade

6 betteraves rouges moyennes, pelées et en julienne

1 petit oignon, en julienne

5 c. à soupe de jus de citron

SAUCE RÉMOULADE

1 jaune d'œuf

2 c. à soupe de moutarde de Dijon

12 cL (½ tasse) d'huile d'olive (plus ou moins)

1 c. à soupe de vinaigre à l'estragon

Sel et poivre, au goût

Cuire les betteraves et l'oignon pendant 1 minute dans de l'eau bouillante salée, puis les égoutter complètement. Réunir les légumes dans un saladier profond et les arroser de jus de citron. Bien remuer et réfrigérer pendant au moins 2 heures.

Déposer le jaune d'œuf dans un autre saladier profond et lui ajouter la moutarde. Ajouter graduellement l'huile, tout en homogénéisant au mélangeur électrique. Ajouter le vinaigre, le sel et le poivre jusqu'à ce que la sauce prenne une consistance crémeuse et lisse. Réfrigérer jusqu'au moment de servir.

Pour servir, bien mélanger les betteraves et l'oignon avec la sauce. Servir ces betteraves bien froides en entrée.

Note : Les betteraves sont très agréables, accompagnées de tranches d'œuf dur et de tomate.

Carotte et panais

(daucus carota)

*L*a carotte, cette humble racine, a son origine dans le pays désigné aujourd'hui sous le nom d'Afghanistan. Bien que déjà connue dans l'Antiquité par les Romains, les Grecs, les Germains et les Slaves, elle est passée presque inaperçue dans les documents historiques. Par exemple, elle n'est même pas mentionnée parmi les 90 plantes comestibles du capitulaire *De Villis*, lequel répertorie le nom des plantes des jardins de l'empereur Charlemagne.

Vers le XVIᵉ siècle, la carotte a soudain fait surface et commencé à être appréciée grâce à une certaine expérience réalisée en Hollande qui changea sa couleur originale d'un brun clair en orange et lui valut alors le nom de « longue carotte orange ». Après que sa culture se fut répandue en Europe, en Amérique et dans le monde entier, elle est devenue l'un des légumes les plus populaires sur nos tables.

Autrefois, on croyait que la carotte, à l'égal d'autres légumes, protégeait contre certaines maladies. En particulier, elle était fortement recommandée pour lutter contre les troubles de l'estomac et de l'intestin. À cela, vient s'ajouter aujourd'hui la conviction qu'elle est très utile dans la prévention du cancer. La carotte est une bonne source de vitamines A, B et C, ainsi qu'une source importante de carotène, très utile pour la peau et les yeux. Le panais appartient à une famille proche de la carotte. Une recette à base de panais figure donc dans ce chapitre.

Timbale de carottes

8 carottes, en rondelles
1 ½ c. à soupe de beurre
3 œufs

0,25 L (1 tasse) de lait
Sel et poivre, au goût
1 ½ c. à soupe de cassonade

Verser l'eau dans une grande casserole, porter à ébullition et y plonger les carottes. Les laisser cuire pendant 25 à 30 minutes, les égoutter, puis les homogénéiser au mélangeur électrique jusqu'à les réduire en purée crémeuse.

Faire fondre le beurre dans une grande casserole et y verser la purée de carottes. Cuire à feu doux de 3 à 5 minutes en remuant constamment pour éviter qu'elle ne colle au fond. Retirer du feu et laisser refroidir pendant un moment.

Réunir les œufs, le lait, le sel, le poivre et la cassonade dans le mélangeur électrique, puis bien homogénéiser le tout. Ajouter progressivement ce mélange à la purée de carottes tout en fouettant de l'autre main.

Préchauffer le four à 180 °C (350 °F) et beurrer soigneusement 6 petits ramequins. Les remplir du mélange précédent.

Déposer les ramequins dans une lèchefrite et remplir d'eau à mi-hauteur. Cuire au four pendant 40 à 45 minutes, jusqu'à ce que le dessus des timbales soit ferme et lisse. Si nécessaire, rajouter un peu d'eau dans le plat en cours de cuisson.

Lorsque les timbales sont cuites, les ôter avec précaution du bain-marie et les laisser refroidir 1 minute avant de les démouler en déposant une petite assiette sur le ramequin, puis en le retournant vivement. Soulever très lentement le ramequin pour que la timbale reste intacte.

Note : Ces timbales peuvent être servies froides ou chaudes comme entrée ou pour accompagner le plat principal.

Fantaisie de carotte

6 PORTIONS

5 c. à soupe d'huile végétale

1 gros oignon, en tranches fines

3 branches de céleri, en tranches

8 carottes, en tronçons de 7,5 cm (3 po) et refendus en quatre bâtonnets

1 cube de bouillon

0,25 L (1 tasse) d'eau (plus, si nécessaire)

2 c. à soupe de fécule de maïs

16 cL (⅔ tasse) de crème moitié-moitié (crème légère) ou de lait

Sel et poivre, au goût

Verser l'huile dans une casserole en fonte, ajouter l'oignon et le céleri, puis les faire revenir plusieurs minutes jusqu'à ce qu'ils soient fondants.

Ajouter les carottes, le cube de bouillon et l'eau. Couvrir et amener à ébullition. Réduire à feu modéré et cuire pendant 10 minutes, jusqu'à ce que toute l'eau soit absorbée. Veiller à ce que les légumes ne collent pas au fond.

Lorsque toute l'eau a été absorbée, saupoudrer les carottes de fécule, ajouter la crème, le sel et le poivre et poursuivre la cuisson encore 6 à 8 minutes en remuant constamment, jusqu'à ce que la sauce prenne consistance de crème.

Note : Servie chaude, cette recette accompagne très bien un plat principal.

Jus de carotte

450 g (1 lb) de belles carottes fraîches

225 g (½ lb) de belles tomates fraîches

12 cL (½ tasse) de jus d'orange fraîchement
pressé

2 c. à soupe de jus de citron

1 c. à soupe de persil ou de cerfeuil frais,
haché finement

Bien laver et brosser les carottes, les couper en tranches et en extraire le jus à la centrifugeuse.

Bien laver et nettoyer les tomates. Les couper en quartiers et en extraire le jus à l'aide du même appareil.

Mélanger les deux jus de légumes et leur ajouter les jus d'orange et de citron ainsi que le persil ou le cerfeuil. Remuer l'ensemble et réfrigérer pendant 1 à 2 heures avant de servir.

Note : L'été, cette boisson fait un délicieux apéritif pour un repas de midi entre amis.

Petites carottes à l'orange

6 PORTIONS

450 g (1 lb) de petites carottes lavées,
  nettoyées et pelées
63 cL (2 ½ tasses) de jus d'orange
2 c. à soupe de moutarde de Dijon
Pincée de sel

Poivre, au goût
3 c. à soupe de beurre
4 c. à soupe de cassonade ou de miel
2 c. à soupe d'estragon frais, haché finement,
  ou d'estragon séché

Déposer les carottes dans une casserole, ajouter le jus d'orange (en rajouter, si nécessaire), la moutarde et une pincée de sel. Couvrir et cuire à feu modéré jusqu'à ce que tout le liquide soit absorbé, en remuant de temps à autre. À la fin de la cuisson, ajouter un peu de poivre et bien mélanger.

Faire fondre le beurre dans un grand poêlon, ajouter les carottes, la cassonade ou le miel et l'estragon. Bien mélanger et cuire pendant 2 minutes à feu doux en remuant souvent.

Beurrer soigneusement un plat à gratin muni d'un couvercle, y déposer les carottes et en saupoudrer le dessus d'un peu de cassonade. Cuire pendant 15 minutes dans le four préchauffé à 150 °C (300 °F) et servir chaud pour accompagner le plat principal.

Note : Pour des occasions spéciales, on peut ajouter de petits oignons blancs frais aux carottes. Si on n'a pas le temps de les peler, on peut utiliser des petits oignons blancs surgelés ou en conserve.

Salade froide de carottes

8 grosses carottes, en julienne

4 c. à soupe de jus de citron

10 feuilles de menthe fraîche, finement ciselées

1 petit oignon, en dés

60 g (½ tasse) de raisins blonds, secs

8 cL (⅓ tasse) de mayonnaise (maison ou du commerce)

½ c. à café (½ c. à thé) de moutarde de Dijon

Sel et poivre, au goût

Déposer les carottes dans un saladier profond. Arroser de jus de citron et bien mélanger le tout. Réfrigérer quelques heures, jusqu'au moment de servir.

Au moment de servir, sortir le saladier du réfrigérateur et y ajouter la menthe, l'oignon, les raisins, la mayonnaise, la moutarde, le sel, le poivre et bien mélanger le tout. Servir immédiatement, car cette salade doit toujours être servie froide.

Note : Cette recette fait une excellente entrée le midi ou le soir. Pour la présenter d'une manière appétissante, étaler quelques feuilles de laitue dans l'assiette de chaque convive et les recouvrir des carottes. On peut aussi accompagner cette salade de tranches de tomates et d'œufs durs coupés en deux.

Carottes à la provençale

450 g (I lb) de carottes

6 c. à soupe d'huile d'olive

3 gousses d'ail, hachées finement

Persil frais, haché finement

Pincée de thym

Pincée de romarin

I feuille de laurier

38 cL (I ½ tasse) de vin blanc sec

Sel et poivre, au goût

Couper les carottes en rondelles fines et les déposer dans un poêlon profond ou une casserole en fonte. Y verser l'huile d'olive et cuire à feu modéré pendant 3 minutes en remuant souvent.

Ajouter l'ail, le persil, le thym, le romarin, le laurier, le vin, le sel et le poivre. Couvrir et cuire de 15 à 20 minutes jusqu'à ce que tout le liquide soit évaporé. Remuer de temps à autre et veiller à ce que les carottes ne collent pas au fond.

Note : Servir chaud pour accompagner le plat principal.

Chaudrée de panais

5 c. à soupe de beurre

1 petit oignon émincé

2 échalotes hachées

260 g (2 tasses) de champignons frais, hachés

4 panais moyens, pelés et hachés

0,5 L (2 tasses) d'eau

0,75 L (3 tasses) de lait entier ou de lait à 2 %

50 g (½ tasse) de chapelure de craquelins ou de biscottes

Sel et poivre, au goût

Persil frais, haché finement (comme garniture)

Faire fondre 3 c. à soupe de beurre dans une casserole, ajouter l'oignon, les échalotes et les champignons, puis cuire à feu doux pendant 4 à 5 minutes en remuant constamment.

Ajouter les panais et l'eau, puis porter à vive ébullition. Réduire à feu modéré, couvrir et cuire environ 20 minutes en rajoutant de l'eau, si nécessaire, jusqu'à ce que les panais soient cuits.

Ajouter le lait et mélanger tous les ingrédients. Lorsque la soupe est près du point d'ébullition, réduire le feu et ajouter le beurre qui reste, la chapelure, le sel, le poivre et bien remuer le tout. Servir très chaud et garnir en parsemant de persil haché.

Céleri et céleri-rave

(apium graveolens)

$\mathcal{L}$e céleri et son cousin, le céleri-rave, appelé aussi céleri-boule, étaient à l'origine membres de la même famille de plantes. On pense qu'ils proviennent tous deux du bassin méditerranéen et ils poussent dans des terrains bien arrosés et très ensoleillés. Bien entendu, le sol doit être profond et riche en compost et autres engrais naturels. Ici, dans notre petit monastère, nous importons habituellement les graines de céleri-rave de France, où l'on en cultive plusieurs excellentes variétés.

Le céleri-rave, considéré en France comme un *légume gourmand* ou «légume de gourmet», y est cultivé en grande quantité et y est grandement apprécié sur toutes les tables. Il commence à intéresser les jardiniers et les restaurateurs américains, et figure même de temps à autre au menu de quelques-uns des meilleurs restaurants des États-Unis. On l'y trouve aussi de plus en plus facilement dans les meilleurs marchés. Par exemple, l'automne dernier, j'ai été ravi d'en découvrir à celui de Great Barrington, au Massachusetts, pas très loin de notre monastère et spécialisé dans les produits fins. Il semble bien que tout le monde se soit donné le mot...

À la table de notre monastère, on consomme habituellement les deux types de céleri. On peut les manger crus ou cuits, seuls, ou en combinaison avec d'autres légumes. La manière de les préparer convenablement repose sur le tour de main et la créativité de la personne qui les apprête.

Céleri rémoulade

4 céleris-raves moyens, pelés et en julienne   4 c. à soupe de jus de citron

SAUCE RÉMOULADE

I jaune d'œuf

2 c. à soupe de moutarde de Dijon

12 cL (½ tasse) d'huile d'olive (plus ou moins)

I c. à soupe de vinaigre à l'estragon (ou autre vinaigre aromatisé)

Sel et poivre, au goût

Blanchir le céleri-rave pendant I minute dans de l'eau bouillante, puis le laisser égoutter complètement. Le transvaser dans un saladier profond, l'arroser de jus de citron, bien remuer et réfrigérer pendant au moins 2 heures, ou jusqu'au moment de servir.

Déposer le jaune d'œuf dans un saladier profond et y ajouter la moutarde. Ajouter l'huile en filet tout en battant le mélange au batteur électrique. Ajouter le vinaigre, le sel et le poivre, puis continuer de monter la mayonnaise jusqu'à consistance ferme. Réfrigérer jusqu'au moment de servir.

Au moment de servir, ajouter le céleri-rave à la sauce et bien mélanger le tout. Servir froid en entrée.

Note : On peut aussi étaler des feuilles de laitue dans l'assiette et déposer le céleri rémoulade par-dessus.

Mousseline de céleri-rave

900 g (2 lb) de pommes de terre
450 g (1 lb) de céleri-rave
Sel
4 c. à soupe de beurre

22 cL (8 oz) de crème à 35 %
Pincée d'estragon frais, haché finement
Poivre, au goût

Laver et éplucher les pommes de terre et le céleri-rave. Détailler les pommes de terre et le céleri-rave en gros cubes, sans les mélanger.

Remplir une grande casserole d'eau, ajouter du sel et y faire bouillir les pommes de terre pendant 12 minutes. Ajouter ensuite le céleri-rave et laisser bouillir 10 à 12 minutes de plus. Égoutter complètement les légumes.

Les réduire en purée au pilon, au mélangeur électrique ou au robot de cuisine. Ajouter le beurre, la crème, l'estragon, le sel et le poivre, puis mélanger tous les ingrédients jusqu'à ce que la mousse prenne une consistance lisse.

Beurrer soigneusement un plat à gratin, y étaler uniformément la mousse et mettre au four à 100 °C (200 °F). Conserver au chaud jusqu'au moment de servir.

Céleri farci au gratin

2 c. à soupe de beurre

1 pied de céleri entier, nettoyé, les branches
coupées en deux

8 cL (⅓ tasse) de vin blanc sec
(plus, si nécessaire)

Sel, au goût (une pincée seulement, le céleri
ayant déjà une saveur salée)

3 c. à soupe d'huile d'olive

3 tomates pelées, épépinées et en tranches

2 gousses d'ail, hachées finement

10 olives noires, dénoyautées et hachées
finement

8 feuilles de basilic frais, hachées finement
ou 2 c. à café (2 c. à thé) de basilic séché

Sel et poivre, au goût

Parmesan râpé ou autre fromage au choix

Faire fondre le beurre dans un grand poêlon profond et y ajouter les branches de céleri, le vin et une pincée de sel. Couvrir et cuire à feu doux pendant 15 minutes. Après les 7 premières minutes de cuisson, retourner les tiges, couvrir le poêlon et poursuivre la cuisson.

Préparer la farce pendant que le céleri cuit. Verser l'huile dans une casserole moyenne, ajouter les tomates, l'ail, les olives, le basilic, du sel et du poivre au goût et cuire pendant 5 minutes à feu doux en remuant constamment.

Bien beurrer un long plat à gratin et y ranger délicatement les branches de céleri préalablement farcies avec le mélange aux tomates et aux olives. Parsemer le dessus de chaque branche de fromage et laisser gratiner pendant 20 à 25 minutes dans le four préchauffé à 180 °C (350 °F). Servir chaud.

Note: Cette recette peut être servie en entrée ou pour accompagner le plat principal. Elle est succulente avec du poisson.

Céleri et carottes au miel et à la moutarde

4 PORTIONS

8 branches de céleri, en tranches

4 carottes fines et longues, en rondelles

0,25 L (1 tasse) de jus d'orange

0,25 L (1 tasse) d'eau (plus, si nécessaire)

2 échalotes hachées finement

1 c. à soupe de moutarde

3 c. à soupe de miel

Sel et poivre, au goût

Mettre le céleri et les carottes dans une casserole et y verser le jus d'orange et l'eau. Porter à ébullition, puis diminuer à feu modéré, couvrir et laisser cuire doucement en remuant de temps à autre jusqu'à ce que le liquide soit presque complètement évaporé.

Ajouter les échalotes, la moutarde, le miel, du sel et du poivre au goût et bien mélanger avec les légumes et le liquide qui reste. Couvrir et laisser cuire pendant 1 à 2 minutes de plus en veillant à ce que les légumes ne collent pas au fond. Bien remuer et servir chaud.

Note : Cette recette accompagne délicieusement un plat principal.

Champignon

(agaricus)

Même si le champignon n'est pas un légume traditionnellement cultivé dans le jardin, il a pris beaucoup d'importance dans la cuisine de tous les jours et il n'est pas question de l'ignorer dans ce recueil de recettes.

Avec ses nombreuses variétés, le champignon a une longue histoire. Apprécié depuis des milliers d'années, il est cueilli et cuisiné par des chefs de toutes les origines et de tous les pays. L'attrait pour le *champignon* est universel. Certains disent même qu'il possède des qualités thérapeutiques qui le rendent intéressant d'un point de vue médical. On en répertorie de nos jours de nombreuses espèces, certaines comestibles, d'autres toxiques. Il faut se montrer prudent et s'y connaître quand on ramasse des champignons sauvages pour les consommer. Prudence et circonspection sont des mots clés dans ce domaine. Parmi toutes les variétés bien connues, on trouve le champignon de couche blanc présent dans les supermarchés (*agaricus bisporus*) – qui est probablement le champignon cultivé le plus connu –, la chanterelle, le bolet, le portobello ou l'agaric blond, le cèpe, le shiitake et, bien entendu, la morille et la truffe, qui sont très prisées des grands cuisiniers. Ce sont, en effet, de véritables délices pour le palais !

Bien que nous ne cultivions pas de champignons au monastère, nous en utilisons toutefois souvent dans la cuisine. Je me souviens d'avoir marché dans les bois avec ma grand-mère pour cueillir divers champignons sauvages qu'elle cuisinait ensuite. C'était un des plus grands plaisirs de nos promenades du dimanche, surtout au printemps et en automne. Aujourd'hui, lorsque je retourne en France, cela me réchauffe le cœur de voir que cette vieille coutume est toujours en vogue. Il est courant de voir des gens le dimanche parcourir les routes de campagne ou les bois, avec leurs paniers pour ramasser ces cadeaux que mère nature nous offre.

Gratin de champignons

6 c. à soupe de beurre

20 gros champignons frais, lavés, nettoyés
et en tranches

3 carottes, pelées et en petits dés

4 échalotes hachées finement

20 g (⅓ tasse) de persil frais, haché

50 cL (2 tasses) de vin blanc sec

Sel et poivre, au goût

Fromage au choix, râpé et en quantité
suffisante

Faire fondre le beurre dans une casserole profonde, ajouter les champignons, les carottes, les échalotes et le persil. Bien remuer, couvrir et cuire à feu doux pendant 10 minutes. Ajouter le vin, remuer encore et poursuivre la cuisson jusqu'à ce que le vin ait réduit de moitié. Ajouter le sel et le poivre, et bien remuer.

Beurrer un plat à gratin rond, en parsemer le fond de fromage râpé et y étaler le mélange précédent et le liquide de cuisson qui reste. Recouvrir de fromage râpé et mettre dans le four préchauffé à 120 °C (250 °F) jusqu'à ce que le fromage ait fondu uniformément. Le plat est prêt lorsque le fromage est fondu sur toute la surface. Servir immédiatement.

Note : On peut servir cette recette en plat principal comme repas léger le midi ou au brunch.

Salade de champignons à la grecque

225 g (½ lb) de champignons

Le jus d'un citron

225 g (8 oz) de cœurs d'artichaut égouttés, en conserve

2 gousses d'ail, hachées finement

4 petites courgettes

225 g (½ lb) de feta, en petits dés

VINAIGRETTE

6 c. à soupe d'huile d'olive

Le jus d'un citron

I c. à café (I c. à thé) de thym frais ou séché, émietté

I c. à café (I c. à thé) de romarin frais ou séché, émietté

Sel et poivre, au goût

Laver et nettoyer les champignons. Les couper en tranches et les déposer dans un saladier. Les arroser de jus de citron, bien remuer et réserver.

Rincer les cœurs d'artichaut sous un jet d'eau froide et les égoutter. Les ajouter aux champignons, puis ajouter l'ail haché. Laver les courgettes et les couper en tranches (plus elles sont fraîches et meilleures elles sont). Les mettre dans le saladier.

Ajouter la feta aux légumes et remuer soigneusement le tout. Réfrigérer jusqu'au moment de servir.

Juste avant de servir, préparer la vinaigrette en mélangeant l'huile d'olive, le jus de citron, le thym, le romarin, le sel et le poivre. Napper les légumes et la feta de vinaigrette, puis mélanger la salade jusqu'à ce qu'elle soit parfaitement enrobée de vinaigrette.

Note : Cette salade devrait toujours être servie froide et, principalement, en entrée.

Salade composée aux champignons

225 g (½ lb) de champignons frais

225 g (8 oz) de cœurs d'artichaut
en conserve

I bocal de 280 g (10 oz) de petits oignons
blancs

4 petites courgettes

2 paquets de 40 g (I ½ oz) de raisins blancs
secs

I bouteille (3 tasses) de vin blanc sec

0,25 L (I tasse) d'eau

6 c. à soupe de concentré (pâte) de tomate

6 cL (¼ tasse) d'huile d'olive

I feuille de laurier

Pincée de thym frais ou séché, émietté

Quelques brins de persil, hachés finement

Sel et poivre, au goût

Huile d'olive en quantité suffisante
(comme garniture)

Bien nettoyer et laver les champignons, les hacher grossièrement et les réserver. Bien égoutter les artichauts et les petits oignons, et les réserver. Couper les courgettes en petits dés.

Réunir les champignons, les artichauts, les oignons et les courgettes dans une grande casserole. Ajouter les raisins, le vin, l'eau, le concentré (pâte) de tomate, 6 cL (¼ tasse) d'huile d'olive, le laurier, le thym, le persil, le sel et le poivre. Cuire le mélange pendant 20 minutes à feu modéré, puis laisser refroidir.

Transvaser le mélange dans un grand saladier en verre et le réfrigérer pendant 24 heures. Au moment de servir, ôter le laurier et égoutter l'eau de végétation des légumes. Servir froid en entrée dans des assiettes individuelles en arrosant chaque portion d'un filet d'huile d'olive.

Velouté aux champignons de sainte Odile

60 g (2 oz) de champignons séchés (bolets ou autres)

0,25 L (1 tasse) d'eau

5 gousses d'ail

450 g (1 lb) de champignons blancs frais

3 c. à soupe d'huile d'olive

1,5 L (6 tasses) de bouillon de légumes ou de poulet

Sel et poivre, au goût

25 cL (1 tasse) de crème à 35 %

Persil frais, haché finement

Déposer les champignons séchés dans une casserole, ajouter l'eau, porter à ébullition et laisser bouillir pendant 3 à 4 minutes. Éteindre le feu et laisser reposer 10 minutes.

Peler les gousses d'ail et les hacher finement. Bien laver les champignons frais, les couper en tranches et les mélanger avec l'ail.

Verser l'huile dans une grande marmite et la faire chauffer, lui ajouter immédiatement le mélange de champignons et d'ail et le bouillon. Ajouter du sel et du poivre au goût et cuire à feu moyen pendant 7 à 8 minutes.

Verser la crème dans le mélangeur électrique, lui ajouter les champignons séchés réhydratés, leur liquide de trempage et le persil. Bien homogénéiser, puis verser le mélange dans la marmite. Cuire pendant 3 minutes de plus et servir le velouté très chaud.

Note : Cette succulente recette peut être servie comme entrée d'un repas du soir.

Champignons à la moutarde

450 g (1 lb) de cèpes ou bolets frais

2 c. à soupe de moutarde de Dijon

22 cL (8 oz) de crème sure (crème aigre) hypocalorique

2 gousses d'ail

1 citron

60 g (2 oz) de beurre

Sel et poivre fraîchement moulu, au goût

Bien laver et nettoyer les champignons. Les couper en petits morceaux.

Réunir la moutarde et la crème sure (crème aigre) dans un saladier profond et battre vigoureusement à la fourchette.

Peler les gousses d'ail et les hacher finement. Réserver. Presser le jus du citron. Réserver.

Faire fondre le beurre dans un poêlon profond, ajouter les champignons, l'ail, le jus de citron, du sel et du poivre au goût, puis laisser cuire à feu modéré pendant 4 à 5 minutes en remuant souvent.

Ajouter ensuite le mélange moutarde-crème sure, réduire à feu doux et cuire encore 5 minutes, ou jusqu'à ce que le mélange ait une consistance lisse et crémeuse. Rectifier l'assaisonnement et servir chaud.

Note : Cette délicieuse sauce peut napper certains plats de viande ou de pâtes. On peut aussi l'utiliser comme trempette ou la tartiner sur des tranches de pain grillé.

Chanterelles en salade

450 g (I lb) de chanterelles fraîches ou
séchées

20 amandes séchées

16 olives noires, dénoyautées

I cœur de céleri

4 échalotes, en tranches fines

I grosse tomate

6 grandes feuilles de laitue

VINAIGRETTE

4 c. à soupe d'huile de noix

3 c. à soupe de vinaigre de cidre

Sel et poivre, au goût

Bien laver et nettoyer les chanterelles. (Si on utilise des chanterelles séchées, les réhydrater en les faisant d'abord bouillir pendant 3 minutes, puis les égoutter.) Les couper en tranches fines dans le sens de la longueur et les déposer dans un saladier profond.

Effiler les amandes, hacher les olives, puis les déposer dans le saladier. Couper le céleri en tranches et l'ajouter dans le saladier avec les échalotes. Couper la tomate en dés et l'ajouter aussi.

Laver et sécher la laitue et en étaler une feuille au centre de 6 assiettes à salade.

Au moment de servir, préparer la vinaigrette en mélangeant bien tous les ingrédients, puis la verser sur la salade. Remuer délicatement et répartir également dans chaque assiette. Servir à la température ambiante.

Risotto aux champignons portobellos

340 g (¾ lb) de portobellos blonds frais ou séchés

I L (4 tasses) de bouillon de légumes

8 cL (⅓ tasse) de vin blanc sec

5 c. à soupe d'huile d'olive

I gros oignon haché finement

175 g (I tasse) de riz arborio

2 gousses d'ail, hachées finement

2 c. à soupe de thym frais
   ou I c. à soupe de thym séché, émietté

Sel et poivre, au goût

Fromage râpé en quantité suffisante
   (pour le service)

Bien laver et nettoyer les champignons. Les émincer finement et les déposer dans une casserole. Ajouter le bouillon et le vin blanc, puis porter à ébullition. Égoutter les champignons, les réserver et remettre le liquide de cuisson dans la casserole.

Chauffer l'huile dans une autre casserole (en fonte si possible), ajouter l'oignon et les champignons, puis remuer continuellement à feu modéré pendant I minute 30 à 2 minutes.

Ajouter le riz, l'ail, le thym, du sel et du poivre au goût et bien remuer. Ajouter 30 cL (I ¼ tasse) de mélange de bouillon et de vin, puis remuer constamment jusqu'à ce que tout le liquide soit absorbé. Ajouter de nouveau 30 cL (I ¼ tasse) de mélange de bouillon et de vin, puis recommencer à remuer sans arrêt jusqu'à ce que tout le liquide soit absorbé.

Poursuivre la cuisson à légère ébullition et ajouter de nouveau 30 cL (I ¼ tasse) de mélange de bouillon et de vin en remuant plus lentement, jusqu'à ce que le risotto devienne crémeux et tendre et que tout le liquide soit absorbé. (Tout le processus de cuisson du risotto devrait demander environ 30 minutes.) Servir chaud accompagné d'un bol de fromage râpé.

Tagliatelles forestière

450 g (I lb) de champignons blancs frais
2 c. à soupe de beurre
3 échalotes pelées et hachées finement
450 g (I lb) de tagliatelles

22 cL (8 oz) de crème à 35 %
4 c. à soupe de persil frais, haché
Sel et poivre, au goût

Laver et nettoyer les champignons, puis les couper en tranches dans le sens de la longueur.

Faire fondre le beurre dans un poêlon profond ou une casserole, ajouter les champignons et les échalotes, puis cuire environ 6 minutes à feu modéré en remuant de temps à autre.

Cuire les pâtes dans de l'eau bouillante salée pendant 4 à 5 minutes au maximum pour les garder *al dente.*

Pendant que les pâtes cuisent, ajouter la crème, le persil, le sel et le poivre à la sauce aux champignons et porter à ébullition. Bien remuer, réduire à feu doux et couvrir pour que la sauce reste chaude.

Lorsque les pâtes sont cuites, bien les égoutter et les remettre dans la casserole de cuisson. Napper les pâtes de la totalité de la sauce aux champignons et bien mélanger le tout. Servir immédiatement dans des assiettes réchauffées pour que leur contenu reste chaud.

Champignons à l'ail

225 g (½ lb) de champignons frais
1,25 L (5 tasses) d'eau
Le jus d'un citron
6 gousses d'ail, pelées et hachées finement

4 c. à soupe d'huile d'olive (plus, si nécessaire)
Sel et poivre, au goût
Quelques brins de persil frais, hachés
  finement

Bien laver et nettoyer les champignons, les couper en tranches et jeter les pieds. Les déposer dans une casserole, ajouter l'eau, les laisser tremper pendant 15 minutes, puis les laisser égoutter entièrement. Arroser de jus de citron, bien mélanger et réserver.

Déposer l'ail dans un poêlon profond en métal, ajouter l'huile d'olive, les champignons, le sel et le poivre. Cuire pendant quelques minutes à feu modéré en remuant souvent.

Lorsque les champignons sont cuits, les garnir en parsemant de persil.

Note : Servir cette délicieuse recette pour accompagner un plat principal.

Chou, brocoli, chou de Bruxelles et chou-fleur

(brassica oleracea)

Ces légumes sont rassemblés ici parce qu'ils font tous partie de l'espèce *brassica*. Le chou est considéré comme l'un des légumes les plus vieux et les mieux connus depuis l'Antiquité. Certains situent son origine, à l'état sauvage du moins, sur les côtes européennes de l'Atlantique et de la Méditerranée. D'autres déclarent qu'il est originaire de l'Asie. Quelle que soit son origine exacte, la vérité est que le chou et ses diverses variétés étaient très appréciés des populations des temps anciens. Les Germains et surtout les Celtes étaient de fervents cultivateurs de toutes les espèces de chou, suivis de près par les Romains. Ces derniers lui attribuaient en outre certaines propriétés particulières. Ils l'utilisaient, par exemple, à l'effet de combattre la mélancolie et en antidote contre l'alcool, principalement avant de participer aux soirées extravagantes et aux fastueux banquets pour lesquels ils étaient célèbres et au cours desquels ils consommaient de grandes quantités d'alcool. Cette tradition survit aujourd'hui dans certains pays d'Europe de l'Est où l'on mange des feuilles de chou après avoir bu de la vodka avec excès. En France, il existe une soupe au chou spéciale qui sert de remède contre les excès de vin.

À côté de tous ces attributs secondaires, les légumes de la famille du chou sont particulièrement importants pour leur richesse en vitamines, en sels minéraux, en calcium, en magnésium et en soufre. De nos jours, dans le monde de la santé, plusieurs théories encouragent fortement l'intégration de ce légume dans l'alimentation quotidienne comme moyen de lutte contre le cancer. De récentes études démontrent aussi qu'un régime alimentaire riche en végétaux crucifères, tels le brocoli et le chou-fleur, diminue véritablement les risques de cancer, surtout s'ils sont consommés régulièrement chaque semaine en quantité importante.

Salade aux deux choux

½ chou pommé blanc moyen, en julienne,
   puis haché finement

½ chou rouge moyen, en julienne, puis haché
   finement

4 clémentines pelées et en quartiers

45 g (½ tasse) d'amandes, effilées et rôties
   15 minutes au four à 150 °C (300 °F)

80 g (⅓ tasse) de fromage bleu (d'Auvergne,
   de préférence), en petits dés

VINAIGRETTE

8 cL (⅓ tasse) d'huile d'olive

4 c. à soupe de jus de citron, fraîchement
   pressé

Sel et poivre fraîchement moulu, au goût

Réunir les choux dans un grand saladier profond. Ajouter les clémentines, les amandes et le fromage bleu.

Préparer la vinaigrette en mélangeant bien tous les ingrédients. En napper les légumes au moment de servir, bien remuer et servir à la température ambiante.

Note : Cette salade peut être servie en entrée ou après le plat principal.

Chou à la béchamel

I gros chou pommé blanc, nettoyé	Sel
I bâtonnet de 125 g (4 oz) de beurre	5 c. à soupe de farine ou de fécule de maïs
3 carottes, en rondelles	0,5 L (2 tasses) de lait
I gros oignon doux, en tranches	Sel et poivre au goût
0,5 L (2 tasses) d'eau	

Couper le chou en 6 quartiers égaux en veillant à ce que ceux-ci restent intacts. Les déposer délicatement dans une casserole d'eau bouillante et les blanchir pendant 2 à 3 minutes. Les égoutter précautionneusement pour qu'ils restent entiers et les rincer à l'eau froide.

Faire fondre la moitié du beurre dans une grande casserole, ajouter les carottes et les oignons et cuire pendant 4 à 5 minutes à feu doux. Ajouter délicatement les quartiers de chou et l'eau. Saupoudrer d'un peu de sel, remuer, couvrir et cuire à feu doux pendant 25 à 30 minutes.

Pendant ce temps, préparer la béchamel dans une autre casserole en faisant d'abord fondre le beurre qui reste, puis en lui ajoutant la farine ou la fécule en pluie et en remuant sans arrêt jusqu'à ce qu'ils soient bien mélangés. Ajouter le lait, du sel et du poivre, puis tourner continuellement à feu doux, jusqu'à ce que la sauce prenne la consistance désirée.

Après 25 à 30 minutes, lorsque le chou et les autres légumes sont cuits, les déposer avec précaution dans un long plat à gratin soigneusement beurré. Napper de béchamel et en couvrir entièrement les légumes. Cuire au four préchauffé à 180 °C (350 °F) pendant 15 minutes. Servir chaud.

Note : Cette délicieuse recette accompagne bien les plats d'œufs ou de viande. Elle peut être servie en entrée pour une occasion spéciale.

Salade de chou à la mode du monastère

1 chou pommé petit ou moyen, râpé

4 carottes moyennes, râpées

6 échalotes, en tranches fines

12 cL (½ tasse) de mayonnaise au choix

3 c. à soupe de vinaigre blanc

2 c. à soupe de jus de citron

Pincée de sel et poivre moulu, au goût

Mélanger les légumes dans un grand saladier. Ajouter la mayonnaise et les ingrédients qui restent. Mélanger parfaitement le tout et réfrigérer pendant au moins 2 heures avant de servir. Servir très frais.

Note : Cette recette de salade de chou, classique et nutritive, est délicieuse à servir pendant les chaleurs de l'été. Elle accompagne bien presque tous les plats.

Salade de chou chinois

1 chou chinois, en julienne

2 grosses carottes, en julienne

1 oignon, en tranches fines

4 tangerines pelées et en quartiers

2 pommes pelées et en tranches fines

115 g (¼ lb) de fromage de chèvre émietté

VINAIGRETTE

8 c. à soupe d'huile de noix ou de noisette

2 c. à soupe de jus de citron

2 c. à soupe de vinaigre de framboise ou
   autre vinaigre fruité

Sel et poivre, au goût

Ciboulette fraîche, hachée finement

Réunir les légumes et les fruits dans un saladier profond.

Bien mélanger tous les ingrédients de la vinaigrette et, au moment de servir, parsemer la salade de fromage. Napper de vinaigrette et bien remuer pour que tous les légumes et les fruits en soient bien enduits. Servir immédiatement.

Note : Cette salade constitue une entrée délicieuse au brunch ou lors d'un repas de midi détendu.

Soupe au chou Valamo

6 PORTIONS

I petit chou blanc, finement râpé

2 grosses pommes de terre, pelées et en dés

2 oignons moyens, en tranches

2 L (8 tasses) d'eau

I c. à café (I c. à thé) de paprika

½ c. à café (½ c. à thé) de cumin moulu

Pincée de poivre de Cayenne

Sel, au goût

225 g (8 oz) de yogourt nature ou de crème sure (crème aigre)

Persil frais, haché finement (comme garniture)

Réunir les légumes et l'eau dans une grande marmite et porter à ébullition. Réduire à feu modéré, ajouter le paprika, le cumin, le poivre de Cayenne et le sel. Remuer plusieurs fois, couvrir et cuire pendant 30 minutes. Laisser refroidir.

Lorsque la soupe a un peu refroidi, la transvaser dans le mélangeur électrique et l'homogénéiser pendant I minute, ou jusqu'à ce qu'elle soit onctueuse. La remettre dans la marmite, ajouter le yogourt ou la crème sure (crème aigre) et mélanger avec une grande cuillère. La réchauffer avant de servir, mais sans l'amener à ébullition. Servir chaud en garnissant chaque portion de persil haché. (On peut aussi réfrigérer la soupe et la servir froide.)

Gratin de brocoli aux tomates

Huile d'olive en quantité suffisante

2 brocolis, séparés en bouquets, les tiges coupées en tranches

6 tomates moyennes, pelées et en tranches

80 g (1 tasse) de champignons frais, lavés et émincés

1 gros oignon émincé

2 gousses d'ail, hachées finement

25 g (½ tasse) de basilic frais, haché

180 g (2 tasses) de nouilles aux œufs (plus, si nécessaire)

3 œufs battus

12 cL (½ tasse) de lait

Sel et poivre, au goût

60 (½ tasse) de fromage râpé

Chapelure

Verser l'huile dans un grand poêlon profond et lui ajouter tous les légumes, sauf l'ail. Les faire revenir à feu modéré jusqu'à ce qu'ils soient tendres, puis ajouter l'ail et le basilic. Bien remuer, éteindre le feu et couvrir.

Faire cuire les nouilles 8 minutes dans de l'eau bouillante salée. Bien les égoutter et les arroser d'un filet d'huile d'olive. Réserver.

Battre les œufs dans un saladier profond, ajouter le lait, le sel, le poivre et la moitié du fromage râpé. Bien remuer.

Beurrer ou huiler soigneusement un long plat à gratin, y déposer les légumes et les nouilles, puis les répartir uniformément. Napper des œufs battus. Parsemer du reste de fromage râpé, puis saupoudrer de chapelure. Laisser gratiner à 180 °C (350 °F) pendant 30 à 40 minutes. Servir chaud.

Note : Cette recette constitue un succulent plat d'hiver qui devrait être servi en plat principal, car c'est un repas complet en soi !

Salade de brocoli de sainte Gertrude

I gros brocoli ou 2 moyens

Sel

I gros bouquet de mesclun (mélange de tendres feuilles de salade)

6 tomates moyennes, pelées et en dés

I oignon rouge, en fines rondelles

VINAIGRETTE

4 c. à soupe d'huile d'olive

3 c. à soupe d'huile de noix

3 c. à soupe de vinaigre de vin

2 c. à soupe de jus de citron

½ c. à café (½ c. à thé) de moutarde

Sel et poivre fraîchement moulu, au goût

Laisser tremper le brocoli dans un récipient d'eau froide pendant I heure ou jusqu'au moment de l'utiliser. En séparer ensuite délicatement les bouquets et en couper les tiges (les meilleures) en tranches fines. Jeter les parties dures.

Déposer le brocoli dans une casserole, ajouter l'eau et le sel, puis faire bouillir à feu moyen de 6 à 7 minutes. Égoutter immédiatement après la cuisson et rincer à l'eau froide pour que le brocoli reste ferme et vert. Réserver.

Laver le mesclun et l'essorer.

Au moment de servir, mélanger tous les légumes dans un saladier profond. Préparer la vinaigrette en mélangeant bien tous les ingrédients et en napper les légumes. Remuer délicatement la salade en veillant à ce que les légumes en soient bien enduits.

Note : Cette salade est à son meilleur servie en entrée pendant l'été quand les tomates sont mûres et gorgées de saveur.

Gratin de brocoli

6 PORTIONS

3 brocolis moyens, nettoyés

7 grosses pommes de terre pelées

Huile d'olive en quantité suffisante

1 oignon émincé

5 gousses d'ail, pelées et hachées finement

0,5 L (2 tasses) de crème à 35 %

Sel et poivre, au goût

Pincée de noix muscade, râpée

Beurre en quantité suffisante

Fromage à pâte ferme au choix, râpé

Faire cuire les brocolis et les pommes de terre dans de l'eau bouillante jusqu'à ce qu'ils soient tendres. Les égoutter, les hacher grossièrement et les réduire en purée.

Verser un peu d'huile d'olive dans un poêlon, y ajouter l'oignon et le faire revenir à feu modéré pendant 1 minute 30 à 2 minutes. Ajouter ensuite l'ail, bien remuer et retirer le poêlon du feu.

Mettre la purée de brocoli et de pommes de terre dans un saladier profond. Ajouter le mélange d'oignon et d'ail, la crème, le sel, le poivre, la noix muscade et bien mélanger le tout.

Beurrer soigneusement un long plat à gratin et en parsemer généreusement toute sa surface de fromage râpé. Bien y tasser les légumes à la crème et lisser le dessus. Parsemer de fromage râpé et cuire au four à 180 °C (350 °F) environ 30 minutes. Servir chaud.

Note : Cette recette accompagne délicieusement les plats principaux à base de viande, d'œufs ou de poisson.

Brocoli et pâtes San Giorgio

4 PORTIONS

225 g (½ lb) de brocoli frais
11 cL (⅓ tasse et 2 c. à soupe) d'huile
  d'olive
180 g (2 tasses) de grosses spirales (rotini)
  ou autres pâtes au choix

30 g (⅔ tasse) de feuilles de basilic frais
6 gousses d'ail pelées
Poivre au goût
Romano râpé, pour le service à table

Détacher les bouquets du brocoli et jeter la tige. Les déposer dans une casserole d'eau bouillante salée et y ajouter 2 c. à soupe d'huile d'olive. Après 5 minutes de cuisson, ajouter les pâtes et cuire à feu moyen encore 10 minutes en remuant de temps à autre.

Pendant la cuisson du brocoli et des pâtes, préparer la sauce en déposant le basilic et l'ail dans le récipient du mélangeur électrique et en ajoutant l'huile d'olive qui reste, soit 8 cL (⅓ tasse), et le poivre. Homogénéiser de 1 à 2 minutes, jusqu'à ce que la sauce ait une consistance lisse. Rajouter de l'huile d'olive, si nécessaire.

Lorsque le brocoli et les pâtes sont cuits, les égoutter et les remettre dans la casserole, ajouter la sauce au basilic et à l'ail, puis mélanger délicatement. Servir chaud, accompagné de romano râpé.

Flans de brocoli

3 brocolis moyens, nettoyés	0,5 L (2 tasses) de lait
Sel	Sel et poivre, au goût
2 c. à soupe de beurre	Pincée de noix muscade moulue
4 c. à café (4 c. à thé) de fécule de maïs	4 gros œufs

Détacher les bouquets du brocoli et couper les tiges en tranches de 2,5 cm (1 po). Déposer dans une casserole d'eau salée et porter à ébullition. Couvrir et cuire environ 20 minutes. Égoutter le brocoli et le réduire en purée au mélangeur électrique. Réserver.

Préparer la béchamel en faisant fondre le beurre dans une casserole à feu modéré. Ajouter la fécule en remuant constamment au fouet et en ajoutant progressivement le lait. Ajouter du sel et du poivre au goût ainsi que la noix muscade sans cesser de remuer. Réduire à feu doux dès que la sauce commence à bouillir et continuer à cuire doucement jusqu'à ce qu'elle épaississe.

Battre vigoureusement les œufs dans un saladier profond, leur ajouter la purée de brocoli et la béchamel, puis bien mélanger le tout.

Répartir le mélange dans 6 à 8 ramequins (petits bols ou terrines résistant à la chaleur) d'une contenance de 22 cL (8 oz), copieusement beurrés. Les placer dans un long plat à gratin et ajouter de l'eau jusqu'à la moitié de la hauteur des ramequins. Cuire au four à 180 °C (350 °F) pendant 30 minutes. Lorsque les flans sont cuits et qu'une lame de couteau enfoncée en leur centre ressort sèche, les démouler délicatement et les servir chaud.

Note : Accompagnée de petites pommes de terre ou d'autres légumes, cette recette peut tenir lieu de plat principal. Elle constitue aussi une délicieuse entrée.

Choux de Bruxelles à la provençale

450 g (1 lb) de choux de Bruxelles, nettoyés
4 c. à soupe d'huile d'olive, plus si nécessaire
2 gros oignons émincés
4 gousses d'ail, hachées finement
5 tomates pelées et concassées
1 feuille de laurier

Pincée d'herbes de Provence (thym, romarin et basilic)
170 g (6 oz) d'olives noires dénoyautées et égouttées, en conserve
Sel et poivre

Faire cuire les choux de Bruxelles 20 minutes dans de l'eau bouillante salée, puis les égoutter.

Verser l'huile d'olive dans une casserole en fonte (si possible). Ajouter les oignons, l'ail, les tomates, le laurier, les herbes de Provence, les olives, le sel et le poivre. Couvrir et cuire de 25 à 30 minutes à feu doux en remuant de temps à autre et en veillant à ce que les légumes ne collent pas au fond.

Au bout 30 minutes, ajouter les choux de Bruxelles cuits, bien remuer et couvrir la casserole de nouveau. Cuire à feu moyen pendant 8 à 10 minutes de plus. Enlever le laurier, rectifier l'assaisonnement et servir aussitôt.

Note : Cette recette peut être servie en entrée ou pour accompagner des œufs, du poisson ou de la viande.

Choux de Bruxelles aux oignons

4 À 6 PORTIONS

4 c. à soupe d'huile d'olive

5 oignons moyens, en tranches

450 g (1 lb) de choux de Bruxelles, nettoyés

Sel et poivre, au goût

38 cL (1 ½ tasse) d'eau (plus, si nécessaire)

Verser l'huile d'olive dans une marmite ou un poêlon en fonte de grande taille. Ajouter les oignons et les faire revenir à feu modéré pendant 1 à 2 minutes.

Réduire à feu doux et ajouter les choux de Bruxelles, le sel et le poivre, puis les recouvrir d'eau. Couvrir et laisser cuire pendant 1 heure 15 à 1 heure 30 en vérifiant de temps à autre que les légumes ne collent pas au fond. Les choux prendront une saveur accentuée à cause des oignons et seront prêts à manger lorsque l'eau de cuisson sera entièrement absorbée.

Note : Servir chaud pour accompagner la viande, le poisson ou un plat principal végétarien. Cette recette est particulièrement savoureuse au moment de la récolte des choux de Bruxelles.

Choux de Bruxelles de l'Action de grâces

4 À 6 PORTIONS

300 g (2 tasses) de petits oignons frais ou
    1 bocal de 425 g (15 oz) d'oignons
    marinés, égouttés
230 g (2 tasses) de petites carottes nouvelles
200 g (2 tasses) de petits choux de Bruxelles,
    nettoyés

Sel, au goût
12 cL (½ tasse) de sirop d'érable
1 c. à soupe de moutarde de Dijon
Poivre, au goût

Éplucher les oignons et brosser les carottes.

Mettre les choux de Bruxelles et les carottes dans une grande casserole, ajouter de l'eau et du sel, puis porter à ébullition. Couvrir et cuire pendant 10 minutes à feu moyen. Ajouter les oignons et cuire 5 minutes de plus. Bien égoutter.

Verser le sirop d'érable dans une autre casserole, ajouter la moutarde et bien mélanger. Ajouter les légumes égouttés, poivrer et cuire à feu modéré jusqu'à ce que la plus grande partie du sirop soit absorbée. Remuer souvent pour leur éviter de coller au fond de la casserole. Servir chaud en accompagnement du plat principal.

Chou-fleur sauce roquefort

1 chou-fleur

3 échalotes ou oignons moyens, pelés et
   hachés finement

2 c. à soupe de beurre

110 g (4 oz) de roquefort émietté

12 cL (4 oz) de crème à 35 % ou
   de crème sure (crème aigre)

Sel et poivre, au goût

Persil frais, haché finement
   (comme garniture)

Séparer les bouquets du chou-fleur en veillant à ce qu'ils restent intacts et entiers, puis les cuire à la vapeur pendant 15 minutes à feu moyen.

Pendant ce temps, préparer la sauce en faisant légèrement revenir les échalotes 2 minutes dans le beurre. Ajouter immédiatement le roquefort et poursuivre la cuisson 2 minutes de plus en remuant constamment jusqu'à ce que le fromage soit fondu. Ajouter ensuite la crème, le sel et le poivre, puis continuer de remuer pendant 1 à 2 minutes de plus, jusqu'à ce que la sauce soit liée.

Égoutter le chou-fleur et le déposer dans un plat de service préalablement réchauffé. Verser la sauce très chaude sur le chou-fleur et garnir en parsemant de persil haché. Servir chaud.

Chou-fleur à l'italienne

4 PORTIONS

1 gros chou-fleur avec ses feuilles vert tendre
Sel et poivre de Cayenne, au goût
6 c. à soupe de jus de citron
4 c. à café (4 c. à thé) de beurre

5 c. à soupe de crème à 35 % ou de crème
    moitié-moitié (crème légère)
Poudre d'ail, au goût

Plonger le chou-fleur entier avec ses feuilles dans une grande casserole remplie d'eau. Couvrir, porter à ébullition et cuire pendant 10 minutes en veillant à ce que le chou-fleur reste ferme. L'égoutter et le plonger dans un grand récipient d'eau froide, puis l'égoutter de nouveau.

Détacher avec précaution les bouquets et les feuilles du chou-fleur de la tige centrale en veillant à ce qu'ils restent fermes et intacts. Les plonger dans une casserole pleine d'eau bouillante, ajouter du sel et du poivre de Cayenne au goût ainsi que le jus de citron, puis laisser bouillir 5 minutes. Égoutter et rincer sous un jet d'eau froide, puis égoutter de nouveau.

Faire fondre le beurre à feu modéré dans un grand poêlon profond. Ajouter les bouquets et les feuilles du chou-fleur, couvrir pendant 2 minutes, puis ajouter la crème et parsemer de poudre d'ail au goût. Remuer. Couvrir et continuer à cuire à feu doux pendant 3 minutes de plus. Servir chaud.

Chou-fleur à la provençale

4 À 6 PORTIONS

4 c. à soupe d'huile d'olive vierge

2 oignons émincés

2 gousses d'ail, hachées finement

I gros chou-fleur, séparé en bouquets

170 g (6 oz) d'olives noires dénoyautées et
  égouttées, en conserve

12 cL (½ tasse) d'eau

8 cL (⅓ tasse) de vin blanc sec

Sel et poivre, au goût

Pincée de cumin

Verser l'huile d'olive dans une casserole en fonte (si possible) et la faire chauffer à feu modéré. Ajouter les oignons et les faire revenir 2 minutes. Réduire à feu doux, puis ajouter l'ail, le chou-fleur, les olives, l'eau, le vin blanc, le sel, le poivre et le cumin. Remuer délicatement, couvrir et cuire à feu doux environ I heure. Vérifier de temps à autre en cours de cuisson et rajouter de l'eau si nécessaire (ou du vin, si on préfère).

Retirer du feu et conserver les légumes au chaud jusqu'au moment de servir.

Note : Cette recette accompagne délicieusement la plupart des plats principaux, mais elle est succulente avec des plats contenant des œufs comme les soufflés.

Chou-fleur en hors-d'œuvre ou pour trempette

6 PORTIONS

I gros chou-fleur (plus, si nécessaire) Sel, au goût

TREMPETTE À LA SAUCE PIQUANTE

22 cL (8 oz) de crème sure (crème aigre) hypocalorique

3 c. à soupe de mayonnaise

I c. à soupe de ketchup

I petit oignon haché finement

½ c. à café (½ c. à thé) de tabasco

I c. à soupe de jus de citron

Pincée de paprika

I c. à café (I c. à thé) de sauce Worcestershire

ou

TREMPETTE À L'ŒUF ET AUX HERBES

225 g (8 oz) de yogourt hypocalorique nature

3 c. à soupe de mayonnaise

2 c. à soupe de moutarde

I c. à soupe de jus de citron

I œuf dur, écrasé à la fourchette

Poignée de persil frais, ciselé

Poignée d'échalotes, hachées finement

Poignée de coriandre fraîche, ciselée

Poivre, au goût

Pour préparer la Trempette à la sauce piquante, bien mélanger tous les ingrédients jusqu'à l'obtention d'une consistance crémeuse. Goûter et rajouter du sel si nécessaire.

Pour préparer la Trempette à l'œuf et aux herbes, bien mélanger tous les ingrédients jusqu'à consistance lisse et crémeuse. Goûter et rajouter du sel et du poivre si nécessaire.

Détacher soigneusement les bouquets du chou-fleur et les plonger dans une casserole pleine d'eau. Ajouter du sel et porter à vive ébullition. Couvrir et blanchir pendant exactement I minute. Égoutter immédiatement et rincer à l'eau très froide. Réserver jusqu'à ce que les bouquets soient complètement égouttés et prêts à être consommés. Servir le plat de chou-fleur accompagné de l'une ou l'autre ou des deux trempettes.

Note : On peut présenter d'autres légumes frais tels des radis, des tomates cerises, des bâtonnets de carotte, et ainsi de suite.

Concombre

(cucumis sativus)

*L*e concombre est l'un des légumes mentionnés dans la Bible. Le prophète Isaïe en parle dans le livre des Nombres et on le trouve aussi dans d'autres chapitres de l'Ancien Testament. D'après ces textes, nous savons qu'il était cultivé dans l'ancienne Égypte, d'où sa culture s'est répandue à Rome et à d'autres pays méditerranéens, dont l'actuel État d'Israël. Cela n'a rien de surprenant, car les pays du bassin méditerranéen jouissent d'un climat propre à sa culture. Certains parmi les botanistes avancent des théories selon lesquelles le concombre était déjà connu dans l'Inde ancienne et que son origine se situerait même aux pieds de l'Himalaya. Que cette théorie soit fondée ou non, il est toujours populaire aujourd'hui en Inde et en Chine.

Il existe différentes variétés dans la famille du concombre, et la plupart des fermiers et des jardiniers essaient d'en cultiver au moins deux ou trois, ce qui est le cas dans le jardin de notre monastère de Millbrook. Parmi ces nombreuses variétés, nous en cultivons régulièrement trois chaque année, réservées à différents usages. La première est le concombre de petite taille qui se conserve dans le vinaigre et que l'on nomme cornichon. La deuxième, le concombre commun, est le légume plus gros et plus long que nous cultivons spécialement pour le manger en salade. Quant à la troisième, c'est celle qui est originaire du Proche-Orient et qui convient parfaitement à la préparation de soupes froides pendant les chaleurs de l'été.

Le concombre est en général un légume de faible valeur nutritive que certains digèrent avec difficulté. Il possède toutefois une saveur si rafraîchissante qu'il est difficile de lui résister, surtout pendant les mois de canicule. Même s'il a une faible valeur nutritive, il possède d'autres qualités qui le rendent intéressant dans l'alimentation et pour d'autres usages. Il est, par exemple, bien connu pour ses propriétés cosmétiques dans la protection et l'embellissement de la peau. Les cosmétologues et les dermatologues européens le recommandent souvent pour cet usage et conseillent aussi d'en consommer afin de se protéger la peau.

Gratin de concombre

2 gros concombres pelés
Beurre en quantité suffisante
12 cL (4 oz) de crème sure (crème aigre) hypocalorique

60 g (½ tasse) de gouda ou de gruyère, râpé
Pincée de gingembre moulu
Pincée de noix muscade moulue
Sel et poivre, au goût

Fendre les concombres en deux dans le sens de la longueur et, avec un petit couteau, en ôter délicatement les graines. Beurrer un plat à gratin et y ranger les demi-concombres.

Dans un saladier, bien mélanger la crème sure (crème aigre), le fromage, le gingembre, la noix muscade, le sel et le poivre jusqu'à consistance lisse et crémeuse (en rajoutant, si nécessaire, de la crème et du fromage). Étaler uniformément ce mélange sur le dessus des demi-concombres et y déposer de petites noix de beurre par-dessus.

Mettre le plat au four préchauffé à 150 °C (300 °F) et laisser cuire pendant 15 à 20 minutes. Le gratin de concombres est prêt lorsque le fromage commence à dorer. Servir chaud.

Note : Cette recette peut être servie comme entrée ou pour accompagner un plat principal (un demi-concombre par personne).

Soupe froide au concombre

3 gros concombres, pelés, évidés et en tranches
1 blanc de poireau, en tranches
1,5 L (6 tasses) d'eau (plus, si nécessaire)
Pincée de safran
Pincée de poivre de Cayenne

Quelques brins de cerfeuil, hachés
Sel et poivre, au goût
Le jus d'un citron
225 g (8 oz) de yogourt nature
Cerfeuil haché finement (comme garniture)

Réunir les concombres, le poireau, l'eau, le safran, le poivre de Cayenne, le cerfeuil, le sel, le poivre et le jus de citron dans une grande casserole. Porter à ébullition, puis réduire à feu modéré et laisser mijoter la soupe pendant 15 à 20 minutes. Retirer du feu et laisser refroidir.

Homogénéiser la soupe au mélangeur électrique ou au robot de cuisine. La verser dans un grand saladier ou une soupière, ajouter le yogourt et bien mélanger à la cuillère. Rectifier l'assaisonnement et réfrigérer pendant plusieurs heures. Servir la soupe froide en garnissant chaque portion de cerfeuil.

Note : Cette recette constitue une excellente entrée lors d'un bon repas du soir pendant les chaleurs de l'été.

Concombres farcis au thon

4 PORTIONS

2 c. à soupe de beurre
4 tomates pelées et épépinées
2 échalotes hachées finement
5 brins de persil, ciselés

140 ou 170 g (5 ou 6 oz) de thon, égoutté
et émietté, en conserve
Sel et poivre, au goût
2 concombres moyens, pelés
Fromage râpé (facultatif)

Faire fondre le beurre dans un poêlon profond. Réunir les tomates, les échalotes et le persil dans le mélangeur électrique et homogénéiser jusqu'à ce que la sauce ait une consistance lisse. La verser dans le poêlon, ajouter le thon, le sel et le poivre, puis laisser cuire pendant 7 à 8 minutes à feu modéré en remuant souvent. Lorsque la sauce est cuite, la réserver.

Fendre les concombres avec précaution dans le sens de la longueur et les recouper horizontalement en deux, puis en ôter les graines.

Bien beurrer un plat à gratin, y ranger les concombres et en farcir le centre évidé avec la sauce au thon. Parsemer de fromage et mettre au four. Cuire à 150 °C (300 °F) pendant 20 à 25 minutes et servir chaud en garnissant les assiettes de tranches de tomates et de quelques olives.

Note : Cette recette est succulente le midi ou au brunch.

Courge

(cucurbita)

La courge est un fruit-légume d'origine tropicale qui, d'après certaines découvertes, était déjà cultivée au Pérou et dans les Andes 1 200 ans avant J.-C. Il en existe plusieurs espèces qui appartiennent toutes à la grande famille des cucurbitacées. La plus célèbre aujourd'hui est la citrouille que l'on appelle « potiron » en France, mais il en existe d'autres que l'on utilise couramment comme la courge musquée, la courge poivrée, le pâtisson jaune, les calebasses, la courge Hubbard, etc. Il ne faut toutefois pas perdre de vue que le melon appartient lui aussi à cette famille – c'est tout simplement une variété différente.

La courge est une plante potagère rustique qui exige habituellement peu de soins, à l'exception de beaucoup de soleil et d'eau. Elle pousse dans presque tous les types de sol, mais les meilleurs résultats s'obtiennent dans un sol profond et riche en compost. Nous attendons généralement jusqu'à la mi-mai pour en planter diverses variétés car, dans le nord-est des États-Unis, nous devons toujours tenir compte du fait qu'un gel tardif peut détruire les semences ou les jeunes plants. En effet, la plupart des membres de la famille de la courge ne résistent pas du tout au froid – bien au contraire !

Dans le petit jardin du monastère, nous en cultivons plusieurs variétés qui sont très utiles en cuisine, non seulement servies fraîches, mais nous en faisons aussi des confitures, des conserves ou du chutney. La courge peut se conserver passablement longtemps dans un cellier ou une cave si elle est entreposée dans de bonnes conditions et à la température adéquate, de sorte qu'elle constitue une source de délices culinaires pendant le long hiver.

Je me souviens encore des vieilles traditions monastiques de la France. À l'époque des récoltes, les moines et les moniales alignaient des courges et des citrouilles de toutes les tailles et de toutes les couleurs le long des corridors du cloître pour l'hiver, et le cuisinier n'avait qu'à choisir de temps à autre celles dont il avait besoin. J'étais toujours amusé de voir les moines défiler quotidiennement en procession dans un couloir où s'alignaient les courges, car je trouvais une certaine ressemblance entre ces alignements de légumes et leur procession.

Soupe à la citrouille

1 citrouille moyenne, pelée et en dés

6 pommes de terre, pelées et en dés

2 blancs de poireaux, en rondelles

1 oignon, en dés

2 gousses d'ail, hachées finement

1 branche de céleri, en tranches fines

3 L (12 tasses) d'eau

Sel et poivre, au goût

1 jaune d'œuf

12 cL (½ tasse) de crème à 35 %

Gruyère râpé (pour le service)

Réunir les légumes dans une grande casserole, ajouter l'eau et porter à ébullition. Réduire à feu moyen, ajouter le sel et le poivre, puis cuire à découvert pendant 45 minutes.

Après la cuisson, laisser refroidir la soupe, puis l'homogénéiser au mélangeur électrique. La réchauffer ensuite progressivement.

Battre le jaune d'œuf dans un saladier, ajouter la crème et continuer de battre jusqu'à ce que les ingrédients soient bien combinés. Verser le mélange dans la soupe et remuer pendant 1 à 2 minutes jusqu'à consistance lisse. Servir chaud en accompagnant de gruyère râpé.

Note : Voici une délicieuse soupe à servir à la saison des citrouilles et des courges.

Citrouille au gratin

1,8 kg (4 lb) de citrouille fraîche
300 g (1 ½ tasse) de lentilles rouges
Sel
0,5 L (2 tasses) de crème moitié-moitié
(crème légère)
225 g (1 tasse) de mozzarella à faible teneur
en gras, râpé

Sel et poivre fraîchement moulu, au goût
½ c. à café (½ c. à thé) de noix muscade
moulue
Beurre en quantité suffisante
Fromage râpé finement, au goût

Peler la citrouille et la détailler en cubes. La mettre dans une casserole avec de l'eau, ajouter les lentilles, le sel et mélanger les ingrédients. Porter à ébullition, puis baisser le feu et cuire pendant 12 à 15 minutes, jusqu'à cuisson complète des lentilles.

Égoutter les légumes et les remettre dans la casserole vide. Ajouter la crème, la mozzarella, du sel et du poivre au goût ainsi que la noix muscade. Bien mélanger et, au pilon, réduire en purée homogène.

Bien beurrer un long plat à gratin et y verser les légumes. Étaler uniformément le mélange à la spatule et en parsemer le dessus de fromage.

Mettre dans le four préchauffé à 180 °C (350 °F) et cuire pendant 20 minutes. Servir chaud.

Note : Cette recette accompagne délicieusement les plats principaux.

Soupe de courge poivrée

6 c. à soupe d'huile d'olive

2 oignons hachés

2 L (8 tasses) d'eau ou de bouillon de
  légumes ou de poulet

3 courges poivrées, pelées, coupées en deux,
  évidées et en dés

1 pomme de terre, pelée et en dés

2 carottes, en rondelles

30 g (½ tasse) de persil frais, haché
  finement

Sel et poivre, au goût

Pincée de noix muscade

Persil frais, haché, en quantité suffisante
  (comme garniture)

Verser l'huile d'olive dans une grande casserole et y faire revenir les oignons pendant 3 minutes à feu doux. Éteindre le feu, ajouter l'eau ou le bouillon, couvrir et laisser la vapeur des oignons parfumer l'eau ou le bouillon pendant 15 minutes.

Ajouter les courges, la pomme de terre et les carottes, bien remuer et porter à ébullition. Réduire le feu, ajouter le persil, le sel, le poivre et la muscade, couvrir et laisser mijoter la soupe pendant 30 à 40 minutes en rajoutant de l'eau si nécessaire.

Laisser refroidir la soupe et l'homogénéiser au mélangeur électrique par petites quantités. Transvaser dans une casserole propre, réchauffer à feu doux, bien remuer et servir chaud. Garnir en parsemant le dessus de chaque portion d'un peu de persil.

Courge poivrée au fromage de chèvre

4 PORTIONS

2 courges poivrées moyennes
Sel
4 c. à soupe d'huile d'olive
1 oignon haché
2 grosses tomates, hachées finement
2 gousses d'ail, hachées
Poignée de persil frais, finement ciselé

Brin de romarin, frais si possible
Quelques feuilles de basilic frais, finement ciselées
225 g (8 oz) de fromage de chèvre
4 c. à soupe de chapelure
Sel et poivre, au goût
Beurre en quantité suffisante

Couper les courges en deux et les évider. Remplir d'eau une grande casserole, ajouter le sel et porter à ébullition. Y déposer les demi-courges à plat et laisser bouillir pendant 8 à 10 minutes. Égoutter complètement.

Faire chauffer l'huile dans un grand poêlon et y ajouter l'oignon, les tomates, l'ail et les herbes aromatiques. Faire revenir pendant quelques minutes, jusqu'à ce que le mélange prenne la consistance d'une sauce. Retirer du feu et verser dans un saladier.

Émietter le fromage de chèvre et l'ajouter à la sauce. Ajouter la chapelure, le sel et le poivre, puis mélanger le tout.

Beurrer un plat à gratin et y déposer les demi-courges. Répartir uniformément la sauce en remplissant complètement leur cavité. Cuire pendant 30 minutes dans le four préchauffé à 150 °C (300 °F). Servir chaud.

Courgette

et pâtisson jaune

(cucurbita pepo)

*L*a courgette et le pâtisson jaune appartiennent à la famille des cucurbitacées, comme toutes les autres courges. Si elles sont traitées séparément ici, c'est que je les considère comme des « courges d'été ». Les autres courges peuvent, à juste titre, être appelées « courges d'hiver », puisqu'elles sont habituellement récoltées en fin de saison, à l'entrée de l'hiver.

La courgette semble être originaire de l'Inde où on la cultive depuis des siècles. La courgette et le pâtisson jaune, ainsi que les autres variétés de courges, se cultivent bien dans des climats chauds. C'est une des raisons pour lesquelles nous ne les plantons jamais dans notre jardin avant le début du mois de mai. Parfois, lorsque le printemps est plus froid que la normale, nous attendons jusqu'à la mi-mai pour semer les premières graines. Dans le jardin du monastère, nous cultivons habituellement trois types de courges : le pâtisson jaune, la courge d'Italie ou *coucourzelle* ainsi que la *ronde de Nice*, la variété cultivée en Provence, d'où nous importons ses graines. Au monastère, nous servons habituellement ce dernier type cuit au four. Elle a plus de saveur que les autres courgettes et devient un véritable délice lorsqu'elle est farcie aux herbes de Provence et au pain rassis.

La courgette est très populaire en Italie et en France, ainsi qu'aux États-Unis. Une de ses qualités est son adaptabilité, car elle se prête à de nombreux usages, du populaire pain de courgette jusqu'aux courgettes au four et à la soupe à la courgette. Elle s'harmonise bien avec d'autres légumes et ingrédients, et elle cuit très rapidement — ce qui en fait un légume très pratique pour le cuisinier pressé.

Courgettes à la monégasque

4 À 6 PORTIONS

6 courgettes moyennes

6 tomates ébouillantées, pelées et
   en tranches

1 oignon émincé

10 feuilles de basilic, ciselées

8 c. à soupe d'huile d'olive

Sel et poivre, au goût

Huile ou beurre en quantité suffisante

120 g (1 tasse) de fromage râpé

Couper les courgettes en petits morceaux d'égale grosseur.

Faire revenir les tomates, l'oignon et le basilic dans 3 c. à soupe d'huile d'olive, jusqu'à l'obtention d'une sauce parfumée. Ajouter le sel et le poivre, puis retirer la casserole du feu dès que la sauce est prête.

Huiler ou beurrer un plat à gratin. Y déposer des couches de courgettes, de fromage et de sauce tomate en alternance. Recommencer l'opération en faisant une deuxième couche d'ingrédients, puis arroser le dessus du plat de l'huile d'olive qui reste.

Mettre le plat au four à 150 °C (300 °F) et laisser cuire pendant 25 à 30 minutes. Servir chaud pour accompagner le plat principal.

Note : Dans cette recette, on peut remplacer les courgettes par du pâtisson jaune.

Velouté de courgettes

4 PORTIONS

2 courgettes
2 poireaux
3 c. à soupe d'huile d'olive
1,5 L (6 tasses) d'eau

Quelques feuilles de menthe fraîche pour le
  velouté et sa garniture
Sel et poivre fraîchement moulu, au goût
22 cL (8 oz) de crème sure (crème aigre)
  faible en gras ou de yogourt nature

Laver et nettoyer les courgettes, puis les couper en tranches épaisses. Laver et nettoyer soigneusement les poireaux, détailler le blanc en rondelles et jeter la partie verte.

Verser l'huile dans une marmite. Ajouter les courgettes et les poireaux, puis les faire revenir à feu modéré pendant 3 minutes en remuant souvent.

Ajouter l'eau, la menthe, le sel, le poivre et bien remuer. Couvrir, porter à ébullition, puis réduire à feu modéré. Cuire à couvert pendant 20 à 25 minutes. Retirer du feu et laisser refroidir.

Lorsque la soupe est froide, y ajouter la crème sure (crème aigre) ou le yogourt. Bien remuer, puis homogénéiser au mélangeur électrique par petites quantités. Homogénéiser pendant plusieurs minutes jusqu'à ce que le velouté ait une belle consistance lisse. Réfrigérer pendant au moins 2 heures et servir froid en garnissant chaque portion de menthe.

Pâtisson jaune aux spirales

3 pâtissons jaunes moyens, en tranches
  moyennement épaisses

170 g (2 tasses) de grosses spirales
  (ou autres pâtes au choix)

8 cL (⅓ tasse) et 2 c. à soupe de bonne
  huile d'olive

Sel, au goût

40 g (¾ tasse) de feuilles de basilic frais,
  hachées

4 gousses d'ail, pelées

Poivre fraîchement moulu, au goût

150 g (1 tasse) de tomates cerises

Parmesan râpé (pour le service à table)

Verser une quantité suffisante d'eau dans une grande casserole et la porter à ébullition. Ajouter les courges, les pâtes, les 2 c. à soupe d'huile d'olive, le sel et cuire à feu moyen de 8 à 10 minutes en remuant de temps à autre. Ne pas trop cuire, car les pâtes doivent rester *al dente*.

Pendant la cuisson des courges et des pâtes, préparer la sauce en réunissant les feuilles de basilic et l'ail dans le récipient du mélangeur électrique. Ajouter l'huile qui reste, soit 8 cL (⅓ tasse), et le poivre, puis homogénéiser pendant 1 minute jusqu'à ce que la sauce soit lisse.

Couper les tomates cerises en deux et les réserver.

Lorsque les courges et les pâtes sont cuites, les égoutter et les remettre dans la casserole. Ajouter la sauce au basilic et les tomates, puis remuer délicatement. Servir immédiatement en accompagnant de fromage râpé.

Note : Voici une succulente recette à servir en plat principal pendant l'été lorsque les légumes arrivent tout frais du jardin.

Compote de courgettes à la coriandre

4 PORTIONS

8 petites courgettes
2 oignons
6 c. à soupe d'huile d'olive
Le jus d'un citron
15 grains de coriandre

0,25 L (1 tasse) d'eau
Sel et poivre, au goût
Feuilles de menthe fraîche, hachées finement
(comme garniture)

Couper les courgettes en tranches (pas trop fines) et hacher finement les oignons.

Verser l'huile dans un poêlon assez profond. Ajouter les courgettes, les oignons, le jus du citron, la coriandre, l'eau, le sel et le poivre. Couvrir et cuire à feu modéré pendant 15 à 20 minutes. Après 15 minutes, vérifier que les légumes ne sont pas trop cuits et remuer délicatement.

Garnir la compote de menthe et servir chaud ou froid pour accompagner des plats à base d'œufs, de poisson, de viande, de haricots, de lentilles, de riz, etc.

Ragoût de courgettes
et de pâtisson jaune au vin

6 À 8 PORTIONS

3 pâtissons jaunes, en bâtonnets (comme des frites)

3 courgettes, en bâtonnets (comme des frites)

6 c. à soupe d'huile d'olive

2 oignons moyens, émincés

25 cL (1 tasse) de vin blanc sec (plus, si nécessaire)

2 gousses d'ail, hachées finement

2 c. à soupe de jus de citron

Feuilles de basilic frais, hachées, au goût

Persil frais, haché, au goût

Sel et poivre, au goût

Parmesan râpé (comme garniture)

Épépiner les pâtissons et les courgettes si elles sont très grosses.

Verser l'huile d'olive dans un grand poêlon profond, ajouter les oignons et les faire revenir pendant 2 minutes à feu modéré en remuant constamment. Ajouter les courges et les courgettes, puis faire revenir 2 minutes de plus sans cesser de remuer. Ajouter le vin et mélanger délicatement. Couvrir, réduire à feu doux et cuire pendant 5 à 6 minutes jusqu'à ce que le vin commence à s'évaporer.

Ajouter alors l'ail, le jus de citron et les herbes aromatiques, ainsi que le sel et le poivre. Remuer délicatement pendant quelques secondes jusqu'à ce que tous les ingrédients soient bien mélangés, puis retirer du feu. Servir chaud en parsemant de parmesan.

Note: Cette recette accompagne bien les plats de céréales tels le riz, le millet, le couscous, les lentilles, etc. Elle est aussi succulente avec les plats de poisson et de volaille.

Courgettes farcies à la provençale

3 courgettes rondes (rondes de Nice)

3 c. à soupe d'huile d'olive

2 oignons moyens, émincés

2 gousses d'ail, hachées finement

I c. à soupe de sauge, hachée

I c. à soupe de thym, émietté

Quelques brins de persil frais, hachés

3 à 4 tranches de pain de campagne (brun), émiettées

2 œufs

12 cL (½ tasse) de lait

Sel et poivre, au goût

Beurre en quantité suffisante

Parmesan ou gruyère, râpé

Partager les courgettes en 2 moitiés. Retirer les graines, sans abîmer la chair. Plonger les demi-courgettes la peau vers le bas dans de l'eau bouillante salée et les faire blanchir pendant 3 minutes. Bien les égoutter et les réserver.

Verser l'huile dans un poêlon, ajouter les oignons, l'ail et toutes les herbes aromatiques, y compris le persil, puis faire revenir pendant 3 minutes à feu modéré, jusqu'à ce que les oignons commencent à dorer. Ajouter le pain et bien mélanger tous les ingrédients. Éteindre le feu et réserver.

Battre les œufs dans un saladier profond. Ajouter le lait, le sel et le poivre, puis battre jusqu'à ce qu'ils soient entièrement mélangés. Ajouter le mélange à l'oignon et au pain et remuer.

Bien beurrer un long plat à gratin et y déposer délicatement les demi-courgettes. Les farcir complètement avec le mélange précédent et parsemer le dessus de fromage râpé. Mettre le plat au four préchauffé à 150 °C (300 °F) et laisser cuire pendant 30 minutes. Servir chaud.

Endive

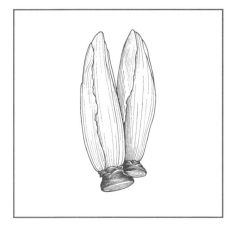

(cichorium intybus ou *cichorium endivia)*

L'endive que nous connaissons aujourd'hui était à l'origine une chicorée sauvage jusqu'à ce que, un jour de 1850, un certain M. Bressiers, directeur du jardin botanique de Bruxelles, en Belgique, découvre la manière de la transformer en ce qu'il appela *chicon de chicorée* en français ou *witloof* en flamand (ce qui signifie «feuilles blanches»). M. Bressiers remporta du succès dans cette entreprise en cultivant ses chicorées enfouies dans des coins sombres, où elles ne recevaient aucune lumière.

Maintenant, les endives sont principalement cultivées en Belgique et dans le nord de la France, d'où elles alimentent le marché mondial. Toutes celles qui sont consommées aujourd'hui aux États-Unis sont importées de ces deux pays, raison pour laquelle elles coûtent aussi cher dans les supermarchés.

Sur le plan nutritionnel, l'endive contient du potassium et des vitamines, et elle est particulièrement pauvre en calories. C'est sans doute pour cette raison qu'elle est si populaire chez les Européens, soucieux de leur poids. Sur les tables américaines, elle est habituellement préparée fraîche en salade par de nombreux cuisiniers. Mais elle peut toutefois être servie avec autant de bonheur dans des plats chauds comme le prouvent certaines de nos recettes. Sa saveur délicate ajoute de l'agrément et de la distinction à tous les plats dans lesquels elle figure.

Soupe aux endives et à la bière

6 PORTIONS

8 endives moyennes
6 c. à soupe de beurre ou de margarine
2 L (6 bouteilles) de bière blonde
3 cubes de bouillon de légume

Sel et poivre fraîchement moulu, au goût
Noix muscade moulue, au goût
6 tranches de pain
Gruyère ou autre fromage au choix, râpé

Bien laver les endives et les couper en deux par le milieu. Les détailler en fines lamelles, puis les hacher. Faire fondre le beurre dans une grande casserole profonde, ajouter les endives et les faire revenir à feu doux pendant quelques minutes en remuant souvent. Mouiller avec la bière, ajouter les cubes de bouillon et les assaisonnements, bien remuer et laisser mijoter de 20 à 25 minutes.

Pendant que la soupe cuit, faire fondre un peu de beurre dans un poêlon et y faire légèrement dorer les tranches de pain des deux côtés. Réserver.

Lorsque la soupe est cuite, la répartir également dans 6 bols à soupe résistants à la chaleur. Déposer une tranche de pain sur chacun et la recouvrir de gruyère râpé. Mettre au four à 150 °C (300 °F) et servir lorsque le fromage est fondu et que la soupe est brûlante (c'est-à-dire lorsqu'elle est bien gratinée).

Note : Cette succulente soupe fait une délicieuse entrée pour un élégant repas d'hiver.

Soupe d'endives à la hollandaise

6 PORTIONS

5 grosses endives

2 oignons moyens

60 g (2 oz) de beurre ou de margarine

1,5 L (6 tasses) d'eau

2 pommes de terre, pelées et en dés

1 cube de bouillon

Sel, au goût

Noix muscade moulue, au goût

1 œuf

4 c. à soupe de crème à 35 %

Persil, haché finement (comme garniture)

Bien laver et nettoyer les endives. Les couper en lamelles de 1 cm (½ po) dans le sens de la longueur. Couper les oignons en tranches, puis les hacher.

Faire fondre le beurre ou la margarine dans une marmite, puis ajouter les endives et les oignons. Les faire revenir pendant 2 minutes à feu modéré, ajouter 1 L (4 tasses) d'eau, porter à ébullition, couvrir et cuire pendant 10 minutes.

Réunir les pommes de terre et l'eau qui reste dans une autre casserole. Porter à ébullition et cuire 1 minute jusqu'à ce que les pommes de terre soient tendres. Lorsqu'elles sont cuites, retirer la marmite du feu, puis homogénéiser son contenu au mélangeur électrique ou au robot de cuisine.

Mélanger les pommes de terre avec les endives dans la marmite, ajouter le cube de bouillon, le sel et la noix muscade, puis laisser cuire encore 5 minutes à feu moyen pour amener à ébullition. Bien remuer la soupe.

Au moment de servir, battre l'œuf dans un saladier, ajouter la crème, puis battre de nouveau jusqu'à ce que tout soit bien combiné. Verser ce mélange dans la soupe et remuer de nouveau. Servir chaud en garnissant le dessus de persil.

Note : Cette soupe peut être servie en entrée d'un repas du soir élégant ou pour une occasion spéciale.

Endives à la bière

4 grosses endives
2 c. à soupe de beurre
2 échalotes hachées finement
2 c. à soupe de miel
Le zeste d'un citron
25 cL (9 oz) de bière

3 c. à soupe de crème à 35 %
Persil haché et persil haché finement
   (comme garniture)
Sel et poivre, au goût
2 œufs durs (comme garniture)

Nettoyer les endives et couper la base pour enlever la partie amère. Avec un couteau bien aiguisé, les fendre en deux dans le sens de la longueur.

Faire fondre le beurre dans un grand poêlon en fonte. Ajouter les échalotes, le miel et le zeste de citron, puis cuire à feu modéré pendant 2 minutes en remuant souvent pour qu'elles ne brûlent pas.

Déposer les demi-endives à plat sur les échalotes et les laisser étuver ainsi pendant 1 minute. Ajouter la bière, la crème, le persil haché, le sel et le poivre, puis couvrir le poêlon. Poursuivre la cuisson 15 minutes à feu doux. Pendant ce temps, hacher les œufs durs ou les écraser à la fourchette.

Lorsque les demi-endives sont cuites, en déposer 2 dans chaque assiette de service en mettant la partie coupée sur le dessus. Napper d'un peu de la sauce à la crème, parsemer d'œuf dur et garnir de persil haché finement. Servir immédiatement.

Note : Cette recette peut être servie en entrée ou pour accompagner le plat principal.

Épinard, bette à carde et oseille

(rumex acetosa)

Afin de différencier les légumes à feuilles vertes, qui sont habituellement mangés cuits, de ceux qui sont mangés crus en salade, nous les avons rassemblés dans ce chapitre. L'épinard reste toutefois l'exception, car on peut le consommer des deux manières.

ÉPINARD
(spinacia oleracea)

L'épinard a traversé différentes périodes d'évolution et a changé au cours des siècles. La plante originale semble avoir été *spinacia letandra,* [*tétrandra*] qui poussait à l'état sauvage dans toute l'Asie Mineure. À partir de là, il a été importé en Europe et dans d'autres parties du monde et il a subi divers changements pour s'adapter aux nouvelles régions et aux nouveaux modes de culture. Les Européens l'ont d'abord découvert au Moyen Âge, à l'époque des croisades, et ils furent heureux d'en ramener les premières graines pour le cultiver. Par la suite, au moment des invasions arabes du sud de l'Europe, sa culture s'est répandue à travers les continents. Certains soutiennent que le nom arabe de l'épinard était *esbanach,* qui fut latinisé en *spinacia.* Au XIe siècle, Séville, en Espagne, devint l'un des grands centres de culture car, outre son usage culinaire, on l'utilisait aussi à des fins médicinales. Pendant la Renaissance, Catherine de Médicis et ses cuisiniers italiens ont largement contribué à sa mise en valeur, tant sur les tables parisiennes que sur celles de la province.

L'épinard est riche en vitamines A, B et C, en fer et en sels minéraux. C'est la raison pour laquelle, au XXe siècle, il est entré dans l'alimentation presque partout dans le monde. Sa culture dans le jardin est relativement facile, mais il n'aime pas l'excès de chaleur. Voilà pourquoi nous ne le cultivons habituellement dans notre monastère qu'au printemps et à la fin de l'été. Il aime le temps frais et son arrivée sur la table à la fin du printemps et au début de l'été est l'un de nos plus grands plaisirs.

BETTE À CARDE
(beta vulgaris cicla)

La bette à carde fait partie de la cuisine de tous les pays latins. L'Italie, la France et l'Espagne en regroupent probablement la plus grande concentration de culture dans le monde. Elle semble avoir pour origine le littoral de la Méditerranée et de l'Atlantique. Les anciens Grecs et les Romains aimaient en manger, surtout les populations pauvres de cette époque qui l'utilisaient souvent en soupe et dans d'autres plats. Elle appartient à la même famille que la betterave, à la différence que la racine de celle-ci est comestible. Cuites, ses feuilles sont excellentes et remplacent souvent l'épinard à la table du monastère pendant l'été lorsque les plants montent en graines. J'ai personnellement toujours préféré la bette à carde. Cela a probablement quelque chose à voir avec mes souvenirs d'enfance car, à la maison, nous en mangions beaucoup et nous la préférions à l'épinard. Je fais habituellement cuire les feuilles vertes comme je le ferais pour les épinards et je conserve les côtes pour les cuire séparément. Il en existe plusieurs types pour la culture potagère. Nous en plantons deux ou trois variétés dans notre jardin : la bette à carde commune, que l'on trouve à peu près partout aux États-Unis, et la *poirée blonde*, dont les graines nous viennent de France et qui produit un légume beaucoup plus gros. Enfin, nous plantons aussi certaines années la bette à côte rouge, qui est à la fois savoureuse à table et très décorative dans le jardin. L'une de ses plus grandes qualités tient au fait qu'elle résiste aussi bien à la chaleur qu'au froid. Elle pousse très bien pendant l'été, supporte assez bien les premiers gels et survit facilement jusqu'à la fin de l'automne et le début de l'hiver.

OSEILLE
(rumex acetosa)

Bien qu'elle ne soit pas encore aussi connue aux États-Unis qu'en Europe, l'oseille est de plus en plus appréciée par les jardiniers et les cuisiniers américains. Le jour viendra peut-être où elle sera facile à trouver dans tous les supermarchés. Ceux qui en cultivent dans leur jardin n'ont pas à s'en préoccuper outre mesure, car cette plante vivace revient chaque année et c'est la première à apparaître dans le jardin. Au début du printemps, lorsque l'on recherche quelque chose de frais à cueillir et qu'il est encore trop tôt, j'ai immanquablement recours à la seule chose alors disponible : l'oseille. Elle est infailliblement là avant toutes les autres et nous pouvons en préparer de merveilleuses soupes et de délicieuses sauces.

Chiffonnade aux épinards

12 cèpes ou bolets ou encore
   6 à 8 champignons portobellos ou
   champignons de couche blonds
6 c. à soupe d'huile d'olive
450 g (1 lb) d'épinards frais
   (primeurs, si possible)

4 c. à café (4 c. à thé) de beurre ou
   de margarine
4 c. à soupe de jus de citron
Sel et poivre, au goût

BEURRE À L'ÉCHALOTE

2 échalotes hachées finement
25 cL (1 tasse) de vin blanc sec
5 c. à café (5 c. à thé) de beurre ou
   de margarine

15 cL (10 c. à soupe) d'eau
Sel et poivre fraîchement moulu, au goût
Le jus d'un citron

    Préparer d'abord les champignons en les faisant tremper dans l'eau pendant 30 minutes, puis les rincer soigneusement pour les débarrasser du sable et de toute saleté. Les hacher grossièrement, verser 5 c. à soupe d'huile d'olive dans un grand poêlon, puis les faire revenir à feu moyen pendant quelques minutes jusqu'à ce qu'ils s'attendrissent. Retirer du feu et réserver.

    Laver les épinards à plusieurs reprises et les laisser égoutter. Verser l'huile qui reste dans une grande casserole, ajouter le beurre ou la margarine, les épinards, le jus de citron, le sel et le poivre, et cuire à feu moyen pendant 4 à 5 minutes en remuant constamment. Retirer du feu.

    Transvaser les épinards partiellement cuits dans un grand plat à gratin bien beurré. Parsemer uniformément des champignons cuits, recouvrir d'une feuille d'aluminium et conserver au four à 65 °C (150 °F) pendant la préparation du Beurre à l'échalote.

    Pour préparer le Beurre à l'échalote, déposer les échalotes hachées dans une petite casserole et y verser la moitié du vin. Chauffer à feu modéré en remuant constamment jusqu'à ce que le vin soit presque complètement évaporé. Ajouter le beurre ou la margarine, l'eau, le reste du vin, le sel et le poivre, puis continuer à remuer pendant 3 minutes jusqu'à ce que la sauce soit prête.

    Sortir le plat du four, napper uniformément les épinards de sauce et arroser le dessus d'un peu de jus de citron. Couvrir d'une feuille d'aluminium et cuire au four à 150 °C (300 °F) pendant 20 à 25 minutes. Servir chaud.

Terrine aux épinards

4 PORTIONS

450 g (1 lb) d'épinards frais
1 oignon haché

2 c. à soupe de beurre

SAUCE BÉCHAMEL

2 c. à soupe de beurre
2 c. à soupe de fécule de maïs
0,5 L (2 tasses) de lait

Pincée de noix muscade moulue
Sel et poivre, au goût
4 œufs

Bien laver les épinards, les égoutter, puis les hacher grossièrement. Les blanchir 2 minutes dans de l'eau salée, puis les laisser entièrement égoutter. Réserver.

Faire revenir l'oignon dans le beurre jusqu'à ce qu'il commence à dorer. Retirer du feu, ajouter les épinards et bien mélanger.

Préparer la Sauce béchamel en faisant fondre le beurre dans une casserole à feu modéré, puis ajouter la fécule de maïs en remuant constamment au fouet ou à la cuillère de bois. Ajouter progressivement le lait sans cesser de remuer. Ajouter la noix muscade, le sel et le poivre, puis continuer à remuer. Lorsque la béchamel commence à bouillir, réduire le feu et poursuivre la cuisson jusqu'à épaississement. Réserver.

Battre les œufs dans un grand saladier profond et leur ajouter la béchamel en battant à la fourchette. Ajouter le mélange aux épinards et mélanger le tout.

Bien beurrer un moule à pain et y verser le mélange aux épinards. Disposer le moule dans un long plat rempli d'eau, puis mettre ce bain-marie au four à 180 °C (350 °F), l'eau devant atteindre la moitié de la hauteur du moule. Laisser cuire pendant 30 minutes, puis attendre que la terrine ait un peu refroidi avant de la démouler. Servir chaud ou froid.

Note : Dans cette recette, on peut remplacer les épinards par des feuilles de bettes à cardes.

Épinards aux croûtons

900 g (2 lb) d'épinards frais, bien lavés et nettoyés

12 cL (½ tasse) de crème à 35 % ou de crème moitié-moitié (crème légère)

3 œufs durs, hachés, comme garniture

BÉCHAMEL

2 c. à soupe de beurre

1 c. à soupe de fécule de maïs

0,25 L (1 tasse) de lait

1 c. à soupe de vermouth sec

Sel et poivre, au goût

Pincée de noix muscade

CROÛTONS

6 tranches de pain

6 c. à soupe d'huile d'olive

2 gousses d'ail, hachées finement

Pincée de thym séché

Cuire les épinards 8 minutes dans de l'eau bouillante salée. Les égoutter et les rincer sous un jet d'eau froide pour leur conserver leur couleur verte. Bien les égoutter une seconde fois, puis les hacher. Réserver.

Préparer la béchamel en faisant fondre le beurre dans une casserole en acier inoxydable à feu modéré. Ajouter la fécule en remuant continuellement avec une cuillère en bois. Ajouter progressivement le lait sans cesser de remuer. Ajouter le vermouth, le sel, le poivre et la noix muscade. Lorsque la sauce commence à bouillir, réduire le feu et continuer à cuire en remuant jusqu'à ce qu'elle épaississe. Lorsqu'elle est prête, la réserver.

Préparer les croûtons en coupant le pain en dés égaux. Verser l'huile d'olive dans un grand poêlon, ajouter l'ail, le pain et le thym, puis bien mélanger le tout. Laisser revenir pendant 3 à 5 minutes tout en remuant constamment. Lorsque les croûtons sont dorés de tous les côtés, les retirer du feu et les réserver.

Bien beurrer un long plat à gratin et y déposer les épinards, la béchamel, la crème et les croûtons. Bien mélanger tous les ingrédients en veillant à ce qu'ils soient bien répartis dans tout le plat. Mettre dans le four préchauffé à 150 °C (300 °F) pendant 20 à 25 minutes. Servir chaud en garnissant chaque portion de 1 ou 2 cuillerées d'œufs durs, hachés.

Pommes farcies aux épinards

8 grosses pommes

Le jus d'un citron

110 g (¼ lb) d'épinards frais ou surgelés, lavés et nettoyés

1 petit oignon, en tranches fines

3 c. à soupe et 4 c. à café (4 c. à thé) de beurre

40 g (1 ½ oz) de raisins secs

Sel et poivre, au goût

Bien laver et nettoyer les pommes. Les évider précautionneusement avec une petite cuillère et un couteau pointu en veillant à ne pas les abîmer.

Détailler la chair des pommes en petits morceaux, puis les arroser de jus de citron. Bien mélanger.

Hacher grossièrement les épinards et l'oignon. Faire fondre 3 c. à soupe de beurre dans un poêlon, y jeter les épinards, l'oignon, les raisins et les morceaux de pomme, puis faire revenir le tout pendant 10 minutes. Ajouter le sel et le poivre, et bien mélanger.

Farcir les pommes de ce mélange, déposer une noisette de beurre sur chacune et cuire au four à 180 °C (350 °F) pendant 20 minutes. Servir chaud.

Bettes à cardes et nouilles aux œufs

6 À 8 PORTIONS

450 g (1 lb) de bettes à cardes fraîches
340 g (12 oz) de nouilles aux œufs
Pincée de sel
6 gousses d'ail, pelées
12 feuilles de basilic

4 brins de persil plat
15 cL (10 c. à soupe) d'huile d'olive
  ou au goût
Sel et poivre moulu, au goût
Parmesan râpé

Laver et nettoyer les bettes à cardes. Séparer les côtes des feuilles, puis hacher celles-ci (les côtes pourront servir à la confection d'un autre plat). Plonger les feuilles dans une grande casserole d'eau et porter à ébullition. Réduire à feu modéré et cuire de 8 à 10 minutes. Égoutter et réserver.

Cuire les nouilles dans une autre casserole en suivant les instructions figurant sur le paquet, sans oublier d'ajouter une pincée de sel. Égoutter.

Pendant la cuisson des légumes et des pâtes, réunir l'ail, le basilic et le persil dans le mélangeur électrique, puis homogénéiser plusieurs fois de suite.

Faire chauffer l'huile d'olive dans une casserole en fonte et y mettre l'ail et les herbes aromatiques. Remuer continuellement pendant 30 secondes, ajouter les feuilles de bette à carde, les nouilles, le sel et le poivre, puis continuer à remuer jusqu'à ce que tous les ingrédients soient bien mélangés. Servir chaud en parsemant de parmesan.

Bettes à cardes du Mont-Voiron

4 PORTIONS

20 côtes de bettes à cardes

Sel, au goût

60 g (½ bâtonnet) de beurre

1 citron

2 gousses d'ail, hachées finement

6 c. à soupe de fromage râpé

2 œufs battus

Poivre, au goût

Séparer les feuilles vertes et les côtes des bettes (conserver les feuilles pour une autre recette). Couper les côtes en tronçons de 7,5 cm (3 po), puis les plonger dans une casserole d'eau bouillante. Ajouter le sel et cuire pendant 5 à 6 minutes au maximum, puis égoutter.

Faire fondre le beurre dans un grand poêlon en fonte. Y ajouter les tronçons de carde, le jus du citron et l'ail, puis cuire à feu modéré pendant 3 minutes en remuant souvent. Ajouter le fromage et remuer 2 minutes de plus jusqu'à ce que tous les ingrédients soient bien mélangés.

Au moment de servir, battre les œufs, ajouter le sel et le poivre, puis en napper le mélange aux bettes. Bien mélanger jusqu'à ce que les œufs soient cuits et parfaitement incorporés aux autres ingrédients. Servir immédiatement.

Soupe froide à l'oseille

4 À 6 PORTIONS

I gros bouquet de feuilles d'oseille
I gros blanc de poireau
3 c. à soupe de beurre
I,5 L (6 tasses) d'eau
I cube de bouillon de légumes
I gros concombre pelé, évidé et en tranches

22 cL (8 oz) de crème moitié-moitié
(crème légère)
4 c. à soupe de jus de citron
Sel et poivre, au goût
6 fines tranches de saumon fumé
(comme garniture)

Nettoyer l'oseille, la hacher et en jeter les tiges. Laver le poireau, le couper en tranches et jeter les feuilles vertes.

Faire fondre le beurre dans une marmite, ajouter l'oseille et le poireau, puis les cuire à feu modéré pendant 2 minutes jusqu'à ce qu'ils soient fondants. Ajouter l'eau et le cube de bouillon. Porter à ébullition, couvrir et cuire la soupe pendant 5 minutes. Retirer du feu et laisser refroidir.

Réunir le concombre et la crème dans le récipient du mélangeur électrique, puis homogénéiser pendant 1 minute. Ajouter la soupe, le jus de citron, le sel et le poivre, puis homogénéiser de nouveau jusqu'à ce que les ingrédients soient réduits en crème. (Cette opération peut se faire en I, 2 ou 3 fois, selon la quantité de soupe.) Lorsque le mélange est terminé, le réfrigérer pendant quelques heures.

Au moment de servir, couper le saumon en longues lanières fines. Servir la soupe froide en garnissant de saumon.

Omelette à l'oseille

2 À 3 PORTIONS

6 c. à soupe de beurre

1 bouquet de feuilles d'oseille, nettoyées,
  tiges ôtées et hachées

22 cL (8 oz) de crème à 35 %

6 œufs

Sel et poivre, au goût

Cerfeuil haché finement (comme garniture)

Faire fondre la moitié du beurre dans un grand poêlon, ajouter l'oseille, puis laisser cuire pendant quelques minutes jusqu'à ce qu'elle soit fondante. Transvaser dans un saladier, ajouter la moitié de la crème et bien remuer.

Battre vivement les œufs dans un saladier, au moins 20 coups de fouet ou de fourchette. Ajouter la crème qui reste, le sel et le poivre, puis continuer de battre jusqu'à ce que tout soit bien mélangé.

Faire fondre le beurre qui reste en le répandant sur toute la surface du poêlon et le laisser mousser en veillant à ce qu'il ne brûle pas. Y verser aussitôt le mélange aux œufs avant que le beurre commence à brunir. Étaler uniformément le mélange dans le poêlon à la spatule. Lorsque les œufs sont bien pris, retourner l'omelette en posant une grande assiette sur le poêlon et en faisant basculer vivement le tout. Faire glisser délicatement l'omelette dans le poêlon, la napper du mélange à l'oseille, couvrir et laisser cuire pendant 2 minutes. Replier délicatement une moitié de l'omelette sur l'autre.

Couper l'omelette en 2 ou 3 parts égales et servir immédiatement dans des assiettes réchauffées. Garnir chaque portion de cerfeuil haché.

Note: Cette omelette est très appréciée en France et elle constitue une délicieuse recette pour le brunch du dimanche en compagnie de bons amis.

Sauce à l'oseille

225 g (½ lb) de feuilles d'oseille

38 cL (I ½ tasse) de bouillon de légume ou de poulet, ou de fumet de poisson

I ½ c. à soupe de beurre

I c. à soupe de fécule de maïs

8 cL (⅓ tasse) de crème à 35 %

Sel et poivre, au goût

Pincée de noix muscade

Laver et nettoyer l'oseille, jeter les tiges, puis hacher les feuilles.

Porter le bouillon à ébullition, ajouter l'oseille et laisser mijoter pendant 6 à 7 minutes. Retirer l'oseille, la laisser refroidir quelques minutes, puis l'homogénéiser au mélangeur électrique.

Faire fondre le beurre dans une casserole, ajouter la fécule en remuant continuellement jusqu'à ce qu'elle soit complètement mélangée. Ajouter l'oseille et poursuivre la cuisson 3 à 4 minutes à feu doux en remuant constamment. Ajouter la crème, le sel, le poivre et la noix muscade, puis continuer à remuer pendant I à 2 minutes, jusqu'à ce que la sauce soit parfaitement liée.

Note : Cette sauce peut accompagner du poisson ou du riz blanc, des nouilles ou des œufs durs.

fenouil

(faeniculum dulce)

*L*e fenouil est un légume d'origine méditerranéenne. Les Égyptiens, les Grecs et les Romains l'utilisaient déjà à des fins thérapeutiques. Au Moyen Âge, toutefois, et surtout pendant les périodes de famine, les Italiens commencèrent à le servir de plus en plus souvent à table en l'apprêtant de différentes manières. Au tournant de notre siècle, il fut aussi introduit en Provence, région de France la plus proche de l'Italie, où il devint un légume très prisé.

Bien que populaire en Italie et dans le sud de la France, le fenouil n'a pas réussi à s'imposer avec autant de succès dans le nord de l'Europe et dans d'autres pays aux climats plus froids et il est resté jusqu'à nos jours un produit régional de la Méditerranée. Ce sont bien entendu les Italiens qui l'ont introduit sur les tables nord-américaines, où il est récemment devenu très populaire dans un certain nombre de cuisines.

Le fenouil est un légume fascinant et assez mystérieux à la saveur à la fois subtile et inusitée. Son léger goût de réglisse se libère pleinement lorsqu'il est servi cru en salade, et la fraîcheur de sa texture est un délice pour le palais. Cuit, il change cependant de caractère et devient plus sucré. Pour préserver cette saveur et l'accentuer encore, il vaut mieux ajouter un peu de jus de citron et de sel à son eau de cuisson. En le choisissant au marché, il faut bien vérifier la fraîcheur des bulbes. Les plus petits sont habituellement les meilleurs, car ils cuisent plus vite que les gros et peuvent être présentés entiers dans l'assiette.

On peut manger et servir le fenouil de maintes manières. À cause de sa saveur d'anis, il accompagne agréablement tous les plats où le poisson tient le rôle principal. Cuit, il se marie aussi parfaitement aux tomates, aux oignons et aux courgettes, alors que cru et en salade, il s'accorde à merveille avec les endives, les tomates et d'autres légumes. Cru, un filet de jus de citron ou de vinaigre balsamique en accentue encore la saveur distinctive.

Les bons légumes du monastère

Fenouil en ratatouille

6 bulbes de fenouil

4 grosses tomates

6 c. à soupe d'huile d'olive (plus, si nécessaire)

Sel et poivre fraîchement moulu, au goût

Quelques feuilles de basilic frais, hachées finement

Bien laver et nettoyer les bulbes de fenouil. Enlever les tiges et les racines ainsi que toutes les parties endommagées. Couper les bulbes en tranches de même épaisseur.

Plonger les tomates 10 minutes dans de l'eau bouillante, puis les peler et les épépiner. Hacher finement la pulpe.

Verser l'huile dans un poêlon profond, ajouter le fenouil et le laisser revenir à feu doux pendant 5 minutes, jusqu'à ce qu'il soit cuit. Ajouter les tomates, le sel et le poivre, puis faire cuire le tout encore 5 minutes en remuant souvent. (Rajouter de l'huile si nécessaire.)

Lorsque les légumes sont cuits, les transvaser dans un saladier ou un plat creux, ajouter le basilic et laisser refroidir. Réfrigérer la ratatouille pendant au moins 1 heure et la servir froide en entrée.

Note : Pendant l'été, cette recette accompagne aussi très bien le poisson froid.

Fenouil braisé

4 bulbes de fenouil

5 c. à soupe d'huile d'olive

1 oignon émincé

3 tomates pelées, épépinées et hachées
   finement

8 feuilles de basilic, finement ciselées

Sel et poivre, au goût

2 c. à soupe de vinaigre balsamique

100 g (½ tasse) d'olives noires dénoyautées
   (facultatif)

Nettoyer les bulbes de fenouil et les couper en 4 quartiers égaux. Verser l'huile d'olive dans un grand poêlon profond, ajouter l'oignon et le faire revenir quelques minutes à feu modéré.

Ajouter le fenouil, couvrir et faire étuver pendant au moins 5 minutes encore. Ajouter les tomates, le basilic, le sel, le poivre, le vinaigre et les olives, remuer de temps à autre, couvrir de nouveau et laisser cuire 2 à 3 minutes de plus. Remuer délicatement les légumes en veillant à ce qu'ils ne brûlent pas et n'adhèrent pas au fond. Servir chaud ou tiède.

Note: Ce plat constitue une succulente entrée et il accompagne aussi très bien un plat de poisson.

Gratin de fenouil de saint Grégoire

6 À 8 PORTIONS

2 bulbes de fenouil moyens

Sel

6 c. à soupe d'huile d'olive (ou d'une autre huile végétale)

1 gros oignon, en tranches

6 grosses tomates pelées, évidées et hachées

4 gousses d'ail, hachées finement

2 courgettes, en tranches

2 courges jaunes, en tranches

16 feuilles de basilic frais, hachées finement

Sel et poivre, au goût

Beurre en quantité suffisante

60 g (½ tasse) de fromage râpé (cheddar ou autre)

Éliminer les tiges et les côtes extérieures des bulbes, puis couper les bulbes en dés de 5 cm (2 po). Les plonger dans une casserole d'eau froide, ajouter du sel et les laisser dégorger pendant au moins 1 heure. Égoutter et réserver.

Verser l'huile dans une grande casserole en fonte, lui ajouter l'oignon, les tomates et l'ail, puis cuire à feu modéré pendant 4 à 5 minutes en remuant souvent.

Ajouter le fenouil, les courgettes, les courges, le basilic, le sel, le poivre et bien mélanger le tout. Couvrir, baisser le feu et laisser cuire pendant 5 minutes de plus en remuant de temps à autre.

Bien beurrer un plat à gratin et, à la cuillère, y déposer les légumes avec leur sauce. Recouvrir de fromage râpé et cuire au four à 150 °C (300 °F) pendant 25 à 30 minutes, jusqu'à ce que le fromage ait fondu. Servir chaud.

Saint Grégoire, dit «le Grand», fut le premier moine ayant accédé à la papauté. Même après son élection, il n'en continua pas moins à mener la vie monastique dans le monastère de Saint-André. Outre sa qualité de saint homme, il était aussi un écrivain de grand talent. Au nombre des œuvres admirables qu'il a laissées, citons les Dialogues qui relatent la vie de saint Benoît. Sa fête est célébrée le 3 septembre.

Gombo (okra)

(hibiscus esculentus)

*L*e gombo – ou plus couramment l'okra, son nom anglais –, est originaire du continent africain, dans les environs de l'actuelle Éthiopie. Il s'est assez vite répandu à l'Arabie et à certains pays d'Asie. Aux États-Unis, il a d'abord été introduit dans les États du Sud par des colons français qui s'étaient établis dans la région de la Louisiane et du Mississippi. Il a alors acquis une grande importance dans les jardins et sur les tables, et il est devenu un ingrédient indispensable de la cuisine créole – plus particulièrement dans le célèbre plat appelé «gumbo».

Ce nom de gombo lui vient du portugais *gumbo*. Sa culture exige un climat chaud et c'est sans doute la raison pour laquelle on n'obtient pas de très bons résultats dans les États américains du Nord, bien que ce légume soit connu dans ceux de New York et de la Nouvelle-Angleterre, où certains jardiniers parviennent à obtenir une bonne récolte. Dans le jardin de notre monastère, nous n'en cultivons qu'occasionnellement. C'est une plante qui nécessite beaucoup de soins mais, lorsqu'elle les reçoit, elle est prodigieusement féconde.

Le gombo contient de la vitamine A, mais sa véritable valeur nutritionnelle réside dans ses graines mûres qui sont extrêmement riches en protéines. Elles en renferment pratiquement autant que celles du soja. Le gombo est aussi riche en fibres et en certains sels minéraux, ce qui pourrait vous inciter à l'inclure dans votre alimentation, au moins de temps à autre.

Œufs brouillés aux gombos

4 PORTIONS

2 c. à soupe de beurre ou de margarine
  (plus, si nécessaire)
150 g (⅓ lb) de gombos, en tranches de
  1 cm (½ po) d'épaisseur
1 oignon, en tranches

1 long poivron, évidé et en tranches
7 œufs
12 cL (½ tasse) de crème à 35 %
Sel et poivre, au goût
4 tranches de pain grillé

Faire fondre le beurre ou la margarine dans un poêlon profond. Ajouter les gombos, l'oignon, et le poivron, puis faire revenir à feu doux pendant 3 à 5 minutes en rajoutant du beurre si nécessaire.

Battre les œufs dans un grand saladier. Ajouter la crème, le sel, le poivre et bien mélanger le tout. Verser ce mélange sur les légumes et cuire à feu modéré en remuant souvent. Retirer le poêlon du feu lorsque les œufs commencent à prendre, mais restent moelleux.

Servir les œufs chauds sur une tranche de pain grillé.

Gombo caponata

I oignon rouge, émincé

4 gousses d'ail, hachées finement

5 c. à soupe d'huile d'olive

12 gombos, en tranches

I grosse tomate, pelée, épépinée et en dés

I poivron rouge, évidé et en dés

8 cL (⅓ tasse) d'eau (plus, si nécessaire)

3 c. à soupe de vinaigre balsamique

8 olives noires, dénoyautées

2 c. à soupe de câpres, égouttées

Sel et poivre, au goût

Dans un poêlon en fonte ou une poêle à frire, faire revenir l'oignon et l'ail dans l'huile d'olive jusqu'à ce que l'oignon soit doré. Ajouter les gombos, la tomate et le poivron, puis remuer pendant 2 minutes de plus.

Ajouter l'eau, le vinaigre, les olives, les câpres, le sel, le poivre et bien remuer. Couvrir et cuire à feu doux de 10 à 15 minutes en remuant de temps à autre et en rajoutant de l'eau si nécessaire. La fricassée est prête lorsque la majorité du liquide s'est évaporée. Rectifier l'assaisonnement et bien remuer. Retirer le poêlon du feu et servir froid ou chaud en entrée.

Ragoût aux gombos de saint Joseph

4 À 6 PORTIONS

6 c. à soupe d'huile d'olive

1 gros oignon haché

225 g (½ lb) de gombos, en tranches de
1 cm (½ po) d'épaisseur

4 piments cerises, évidés et coupés

4 gousses d'ail, hachées finement

1 branche de céleri, en tranches

0,25 L (1 tasse) d'eau ou de bouillon de
légumes

25 cL (1 tasse) de vin blanc sec
(plus, si nécessaire)

1 feuille de laurier

8 petites pommes de terre nouvelles, pelées
et coupées en deux

2 c. à café (2 c. à thé) de paprika

2 c. à café (2 c. à thé) de thym séché

Sel et poivre, au goût

Verser l'huile d'olive dans un grand poêlon, ajouter l'oignon, les gombos, les piments, l'ail et le céleri, puis faire revenir à feu modéré pendant 4 à 5 minutes en remuant souvent, jusqu'à ce que les légumes soient fondants.

Ajouter l'eau, le vin, le laurier, les pommes de terre, le paprika, le thym, le sel et le poivre, remuer et couvrir. Réduire à feu doux et laisser mijoter pendant 30 à 40 minutes, en remuant de temps à autre. Rectifier l'assaisonnement et rajouter du vin si nécessaire. Retirer le laurier et servir chaud.

Ce ragoût, qui accompagne délicieusement les plats de viande et d'œufs, tient son nom de saint Joseph, l'époux de Marie et le père nourricier de Jésus. Saint Joseph, un homme juste et humble, a toujours obéi à la parole de Dieu. Il a donc servi d'exemple de vie chrétienne à tous ceux qui voulaient suivre la voie monastique. Il est très aimé des moines et des moniales qui le célèbrent dans la joie dans tous les monastères le jour de sa fête, le 19 mars, ainsi que le 1er mai, fête de saint Joseph travailleur, et le dimanche qui suit Noël, fête de la Sainte Famille.

Gombos à la tomate de Bill Carbox

4 À 6 PORTIONS

450 g (1 lb) de gombos, nettoyés et en
    tranches de 1 cm (½ po) d'épaisseur
4 c. à soupe d'huile d'olive
4 tomates pelées et en dés

1 oignon, en tranches fines
Sel et poivre, au goût
Persil frais, haché (comme garniture)

Plonger les gombos dans une casserole pleine d'eau, porter à ébullition et laisser cuire 4 à 5 minutes. Égoutter et rincer à l'eau froide. Réserver.

Verser l'huile d'olive dans un grand poêlon ou une casserole. Ajouter les tomates et l'oignon et cuire à feu modéré pendant 5 minutes, jusqu'à l'obtention d'une sauce épaisse. Ajouter les tranches de gombos égouttées, le sel, le poivre et cuire pendant 2 à 3 minutes de plus en remuant sans arrêt.

Garnir en parsemant de persil et servir chaud comme plat d'accompagnement.

Graminées et céréales

Parmi les graminées et les céréales, le riz et le blé ont certainement une plus longue histoire que les autres, car ils sont connus depuis au moins 5 000 ans. Leur lieu d'origine exact demeure toutefois un mystère dont débattent encore les botanistes.

Le riz, en particulier, est l'une des graminées qui a connu une acceptation universelle et qui est devenue au cours des siècles l'aliment de base d'un grand nombre de pays. Il est, par exemple, l'élément essentiel du régime alimentaire en Chine, au Japon, en Indonésie, en Inde et dans de nombreux pays de l'Asie du Sud-Est. Il existe en Chine un vieux dicton qui dit : « Un repas sans riz, c'est comme une belle femme qui n'aurait qu'un œil. » Cet adage démontre clairement la place et l'importance du riz dans la culture chinoise. Beaucoup d'autres pays riches d'une longue histoire attestent tous de ce genre de vérités !

L'existence du riz a été découverte par les Occidentaux grâce à Alexandre le Grand pendant une de ses expéditions en Mésopotamie, une région de l'Asie. Ses soldats en ramenèrent des échantillons dans le bassin méditerranéen, où il fut intégré à l'alimentation des Grecs et des Romains. Au cours des siècles suivants, les Maures l'introduisirent dans la cuisine espagnole et, au Moyen Âge, les Croisés qui revenaient se chargèrent de l'introduire dans les cuisines de France et d'Italie. Les Français, en particulier, l'incorporèrent à divers plats pour lesquels son origine étrangère ajoutait une touche d'exotisme. En dépit de la curiosité qui l'entourait, il fallut attendre jusqu'aux XIVe et XVe siècles pour que sa culture s'étende à travers l'Europe occidentale, où il est maintenant considéré comme un aliment de base.

Aujourd'hui, le riz est une graminée qui nourrit plus de la moitié de la population mondiale et on en cultive plus de 8 000 variétés. Comme on peut s'y attendre, les pays asiatiques en sont les principaux fournisseurs sur le marché international.

Le blé est une des plus anciennes céréales cultivées par l'homme. C'est la principale céréale de l'Occident où on l'utilise indirectement sous forme de farine. Les diverses variétés de blé ont plusieurs applications et celles aux grains les plus durs sont utilisées dans la fabrication des pâtes alimentaires, alors que celles aux grains les plus tendres servent à préparer le pain. Le grain de blé peut aussi être utilisé entier, comme dans le bulghur.

Les bons légumes du monastère

Les céréales font partie intégrante d'un régime alimentaire sain. Avec la récente prise de conscience qui tend à se développer aujourd'hui à propos de l'hygiène alimentaire, elles ont regagné la place qui leur revient de droit dans le régime de ceux qui s'efforcent d'établir le juste équilibre dans leurs habitudes alimentaires. Alors que le riz et le blé restent les céréales les mieux connues et les plus largement consommées, d'autres comme le millet, la luzerne, l'orge, etc., font de plus en plus partie de celles que consomment les amateurs d'aliments nutritifs.

Riz au safran à la provençale

8 c. à soupe d'huile d'olive
1 oignon moyen, émincé
1 poivron rouge, évidé et en dés
2 gousses d'ail, hachées finement
8 olives noires, dénoyautées et hachées

430 g (2 ½ tasses) de riz basmati
Grosse pincée de safran en pistils ou en poudre
Sel et poivre blanc, au goût
1 L (4 tasses) d'eau
50 cL (2 tasses) de vin blanc sec

Verser l'huile dans un faitout, ajouter l'oignon et le poivron, puis faire légèrement revenir à feu modéré pendant 2 minutes.

Ajouter l'ail, les olives et le riz, puis laisser cuire encore 3 à 4 minutes en remuant souvent. Ajouter le safran, le sel et le poivre, puis remuer de nouveau.

Mélanger l'eau et le vin dans une autre casserole, puis porter à ébullition. Verser progressivement sur le riz en remuant constamment jusqu'à ce que le liquide soit absorbé. Une deuxième manière de faire consiste à couvrir le riz d'eau et de vin, à remuer le tout, puis à couvrir le faitout et à le mettre dans le four préchauffé à 180 °C (350 °F) pendant 25 à 30 minutes, ou jusqu'à ce que tout le liquide soit absorbé. Sortir du four et laisser reposer 5 minutes avant de servir.

Risotto aux légumes

150 g (1 tasse) de cèpes ou de bolets, en tranches

1 gros oignon émincé

12 cL (½ tasse) d'huile d'olive de bonne qualité

3 gousses d'ail, hachées finement

200 g (1 tasse) de haricots blancs, cuits ou 225 g (8 oz) de haricots blancs, égouttés, en conserve

180 g (1 tasse) d'olives noires, dénoyautées ou 170 g (6 oz) d'olives égouttées, en conserve

4 tomates pelées, épépinées et hachées

3 c. à soupe de beurre

350 g (2 tasses) de riz arborio

1 L (4 tasses) d'eau ou de bouillon de légumes

1 bouteille (3 tasses) de vin blanc sec

1 feuille de laurier

1 branche de céleri, en tranches fines

2 c. à soupe de jus de citron

Quelques brins de persil, finement ciselés

Sel et poivre, au goût

30 g (⅓ tasse) de parmesan râpé

Réunir les champignons et l'oignon dans un grand faitout ou une casserole en fonte. Ajouter l'huile d'olive et les faire rissoler à feu modéré pendant 3 minutes en remuant souvent.

Ajouter l'ail, les haricots (on peut aussi les ajouter plus tard, après le riz), les olives et les tomates, puis cuire pendant 3 minutes sur le même feu en remuant souvent.

Ajouter le beurre et le riz sans cesser de remuer. Tout en faisant revenir les légumes dans la casserole, mélanger l'eau ou le bouillon avec le vin dans une autre casserole et porter à vive ébullition. Laisser ensuite mijoter.

Ajouter le reste des ingrédients sauf le parmesan, puis bien mélanger le tout. Ajouter aussitôt 0,5 L (2 tasses) du mélange bouillant d'eau et de vin sans cesser de remuer. Lorsque la plus grande partie du liquide a été absorbée, ajouter encore 0,5 L (2 tasses) du mélange d'eau et de vin en remuant toujours jusqu'à ce que tout le liquide soit absorbé.

Verser de nouveau 0,5 L (2 tasses) du mélange d'eau et de vin et continuer de remuer jusqu'à ce que tout le liquide soit absorbé. Rectifier alors l'assaisonnement et vérifier le degré de cuisson du riz. S'il n'est pas assez cuit, rajouter un peu plus du mélange d'eau et de vin jusqu'à ce qu'il soit à point. Lorsque le riz est cuit et que tout le liquide a été absorbé, ajouter le parmesan et le mélanger délicatement au risotto. Ôter et jeter le laurier, puis servir dans des assiettes réchauffées.

Note : Servir accompagné de parmesan râpé pour ceux qui souhaitent en rajouter.

Risotto primavera

I courgette

8 cL (⅓ tasse) d'huile d'olive

I gros oignon rouge, haché

350 g (2 tasses) de riz arborio

0,75 L (3 tasses) d'eau ou de bouillon de
légumes

I bouteille (3 tasses) de vin blanc sec

16 asperges, en tronçons de 2,5 cm (I po)

225 g (8 oz) de pois mange-tout frais,
nettoyés, ou de pois mange-tout surgelés

225 g (8 oz) de gourganes

4 c. à soupe de persil frais, haché

I c. à café (I c. à thé) de thym séché

Sel et poivre blanc moulu, au goût

Fendre la courgette dans le sens de la longueur, refendre les moitiés en deux et couper chaque quartier en morceaux de 2,5 cm (I po) d'épaisseur.

Verser l'huile dans une grande casserole en fonte ou un faitout. Ajouter l'oignon et le faire doucement revenir à feu modéré pendant 3 à 4 minutes. Ajouter le riz et cuire encore 3 minutes en remuant constamment.

Tout en remuant l'oignon et le riz, mélanger l'eau ou le bouillon et le vin dans une autre casserole et porter à ébullition. Réduire le feu et laisser bouillir légèrement.

Ajouter progressivement 0,5 L (2 tasses) du mélange d'eau et de vin au riz en remuant constamment. Lorsque tout le liquide a été absorbé, ajouter la courgette, les asperges, les pois mange-tout, les gourganes, le persil, le thym, le sel et le poivre.

Verser aussitôt 0,5 L (2 tasses) du mélange d'eau et de vin, puis continuer à cuire sans cesser de remuer. Lorsque la plus grande partie du liquide a été absorbée, rectifier l'assaisonnement, ajouter progressivement le mélange d'eau et de vin qui reste et laisser cuire en remuant jusqu'à ce que tout le liquide ait été absorbé et que le risotto soit tendre et crémeux. Couvrir et servir immédiatement pendant que le risotto est chaud.

Riz pilaf de la Transfiguration

6 c. à soupe d'huile d'olive vierge	62 cL (2 ½ tasses) de vin blanc sec
I gros oignon, grossièrement haché	I cube de bouillon
12 champignons, finement hachés	I c. à café (I c. à thé) de thym, séché ou frais
350 g (2 tasses) de riz	I feuille de laurier
62 cL (2 ½ tasses) d'eau	Sel et poivre, au goût

Verser l'huile d'olive dans une casserole en fonte et y faire revenir l'oignon et les champignons pendant 2 à 3 minutes à feu modéré. Ajouter le riz et remuer constamment.

Mélanger l'eau et le vin dans une autre casserole, puis porter à ébullition. Verser le mélange sur le riz, ajouter le cube de bouillon, le thym, le laurier, le sel et le poivre sans cesser de remuer.

Couvrir et laisser cuire à feu doux en remuant de temps à autre, de manière que le riz ne brûle pas et n'adhère pas au fond. Lorsque tout le liquide a été absorbé, ôter le laurier et servir le riz pilaf pendant qu'il est chaud.

La fête de la Transfiguration du Seigneur est célébrée le 6 août. Tous les moines et moniales aiment bien cette fête, car la lumière du Thabor qui émane du visage du Christ sanctifie tous ceux qui s'approchent de lui. C'est aussi la fête des récoltes et, au monastère, nous continuons à pratiquer la vieille coutume chrétienne qui consiste à offrir à l'église les légumes, les fruits et les fleurs de nos jardins. Après la liturgie, nous donnons la bénédiction traditionnelle à ces produits pour symboliser la régénération de la terre grâce à la présence du Christ transfiguré.

Soupe à l'orge de saint Pascal

4 À 6 PORTIONS

6 c. à soupe d'huile d'olive
2 oignons hachés
3 carottes, en dés
I cœur de céleri, haché
80 g (I tasse) de champignons émincés
4 gousses d'ail, hachées finement
2 L (8 tasses) d'eau

150 g (I tasse) d'orge mondé
25 cL (I tasse) de vin blanc
I cube de bouillon de légumes
Sel et poivre, au goût
20 g (⅓ tasse) de persil haché
4 à 6 c. à café (4 à 6 c. à thé) de crème sure
  (crème aigre)

Verser l'huile dans une casserole préalablement chauffée et y faire revenir à feu doux pendant 3 minutes les oignons, les carottes, le céleri, les champignons et l'ail en remuant souvent.

Ajouter l'eau, l'orge, le vin, le cube de bouillon, le sel et le poivre, puis porter à ébullition. Baisser le feu, couvrir et laisser mijoter doucement la soupe pendant 45 à 50 minutes. Ajouter le persil, bien remuer et retirer du feu. Couvrir la casserole et laisser reposer pendant 10 minutes.

Servir la soupe en déposant I c. à café (I c. à thé) de crème sure (crème aigre) au centre de chaque portion.

Saint Pascal Baylon était un saint espagnol du XVIIᵉ siècle. Jeune homme, il fut berger avant de rejoindre la communauté de l'ordre des Frères Mineurs (Franciscains) à Lorette. Il est connu pour son extrême dévotion au Saint Sacrement et pour son humilité qui était une source d'inspiration pour sa communauté. Sa fête est le 17 mai.

  Les bons légumes du monastère

Salade de taboulé

130 g (1 tasse) de bulghur

450 g (1 lb) de tomates cerises, lavées, équeutées et coupées en deux

1 oignon Vidalia moyen, haché

1 concombre moyen, pelé, évidé et en dés

30 g (½ tasse) de persil frais, haché finement

15 g (¼ tasse) de feuilles de menthe fraîche, hachées finement

8 cL (⅓ tasse) d'huile d'olive vierge

5 c. à soupe de jus de citron, fraîchement pressé

Sel et poivre fraîchement moulu, au goût

La veille, faire tremper le bulghur dans une casserole moyenne à demi remplie d'eau froide. Le laisser reposer plusieurs heures, jusqu'au moment de l'utiliser. Avant de préparer la salade, bien l'égoutter dans une passoire, le rincer à l'eau froide et l'égoutter de nouveau complètement.

Déposer les légumes dans un saladier profond.

Préparer ensuite le taboulé en réunissant dans un autre saladier le bulghur égoutté, le persil, la menthe, l'huile, le jus de citron, du sel et du poivre au goût. Bien mélanger le tout.

Ajouter le taboulé aux légumes et bien mélanger tous les ingrédients. (On peut réfrigérer cette salade pendant 1 heure avant de la servir.)

Note : Voici une succulente salade à servir pendant l'été ou au début de l'automne.

Haricot

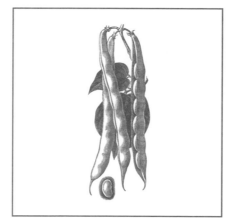

(phaseolus vulgaris)

La fève a une longue histoire qui remonte à la Grèce et à la Rome antiques. Nous savons cependant que le haricot populaire commun est originaire du continent américain. À l'arrivée de Christophe Colomb en Amérique, les premiers Européens qui l'accompagnaient le découvrirent d'abord à Cuba, puis plus tard dans d'autres régions d'Amérique centrale et du Sud, et enfin en Amérique du Nord dans les États que l'on appelle aujourd'hui l'Arizona et l'Utah. De là, il a fait son chemin jusqu'en Europe. On en fait état pour la première fois en France dans un document daté de 1564, mentionnant qu'on le cultive au voisinage de la ville de Vienne, où il a été introduit en provenance d'un monastère proche de Lisbonne, au Portugal. En Italie, on mentionne les premières traces de sa culture autour de 1528 dans la ville de Belluno, où un certain humaniste du nom de Valeriano avait commencé à en semer une variété importée du Pérou. Cet homme avait considéré la découverte du haricot comme celle d'un véritable trésor et, sous son influence, la culture s'en est étendue à d'autres régions de l'Italie. À la fin du XVIe siècle, il était bien connu et cultivé à travers toute l'Italie, la France et l'Espagne. Ces pays ont servi de bases à son expansion vers d'autres régions du monde.

Aujourd'hui, de nombreuses variétés de haricot sont cultivées par les jardiniers tout autour du globe. Il est devenu partie intégrante de l'alimentation quotidienne à cause de sa richesse en vitamine C, en potassium et en calcium. Comme il est, de plus, une excellente source de protéines, il constitue aussi un substitut essentiel de la viande dans de nombreuses cuisines végétariennes. Il est souvent séparé en deux catégories : le haricot vert frais, récolté dans les jardins et mangé dans sa totalité (la capsule et les graines), et le haricot sec, récolté à la fin de la saison, extrait de sa gousse, mis à sécher et conservé dans des récipients scellés. Les recettes suivantes utilisent plusieurs variétés de haricots de ces deux espèces. Parmi les principales, on trouve le haricot vert frais, le haricot blanc sec, le haricot de Lima et le haricot romain qui sont tous cultivés dans le jardin de notre monastère. Parmi les légumes secs fréquemment servis au monastère, et qui figurent donc dans les recettes, on trouve la gourgane, le petit haricot blanc, le haricot noir, ainsi que la lentille.

Salade de haricots verts

675 g (1 ½ lb) de haricots verts frais
(ou haricots à parchemin ordinaires)
225 g (½ lb) de champignons frais
2 échalotes

1 citron
22 cL (8 oz) de yogourt hypocalorique
Sel et poivre fraîchement moulu, au goût

Nettoyer les haricots et les laisser tremper 10 minutes dans une casserole d'eau froide.

Placer la casserole sur le feu et porter l'eau à ébullition. Réduire à feu modéré et cuire pendant 10 minutes. Égoutter les haricots et les rincer sous un jet d'eau froide. Réserver.

Nettoyer et rincer les champignons, puis les émincer. Hacher finement les échalotes.

Presser le jus du citron dans un saladier, ajouter le yogourt, le sel et le poivre, puis bien fouetter à la main ou au mélangeur électrique jusqu'à l'obtention d'une sauce onctueuse.

Au moment de servir, ajouter les haricots, les champignons et les échalotes dans le saladier. Bien remuer et servir.

Note : Cette recette peut être servie en entrée ou en salade après le plat principal.

Purée de haricots jaunes

900 g (2 lb) de haricots jaunes (beurre),
coupés et cassés en deux (utiliser de
préférence des haricots nouveaux et tendres)
1 échalote hachée finement

22 cL (8 oz) de crème à 35 % ou à 15 %
6 c. à soupe de beurre
Sel et poivre, au goût
Persil haché finement (comme garniture)

Cuire les haricots de 10 à 12 minutes dans une grande casserole d'eau bouil-lante salée. Les égoutter et les rincer sous un jet d'eau froide. Les réduire en purée lisse et crémeuse au mélangeur électrique. Ajouter l'échalote et l'incorporer à la purée, toujours au mélangeur.

Chauffer la crème dans une casserole et la laisser légèrement réduire à feu doux.

Faire fondre le beurre dans un poêlon profond. Après 1 ou 2 minutes, ajou-ter la purée de haricots. Remuer et incorporer peu à peu la crème, le sel et le poi-vre. Bien mélanger le tout et couvrir le poêlon pendant 1 à 2 minutes. Garnir le dessus de chaque portion de persil haché finement. Servir chaud.

Note : Cette purée accompagne magnifiquement un plat de poisson ou de viande.

Haricots verts à la portugaise

4 À 6 PORTIONS

450 g (1 lb) de haricots verts (à parchemin)
Pincée de sel
4 c. à soupe d'huile d'olive ou de saindoux

4 grosses tomates, pelées et en dés
Sel et poivre, au goût
Persil haché (comme garniture)

Nettoyer les haricots et les laisser tremper pendant 15 minutes dans une casserole d'eau froide. Placer ensuite la casserole sur le feu et porter à ébullition. Ajouter une pincée de sel, réduire à feu modéré, couvrir et cuire 10 minutes. (Les haricots doivent rester fermes.) Les égoutter et les rincer à l'eau froide. Réserver.

Verser l'huile d'olive ou le saindoux dans un grand poêlon profond, ajouter les tomates, le sel et le poivre. Faire revenir rapidement jusqu'à ce que les tomates prennent la consistance d'une sauce légère (en veillant à ne pas les laisser trop cuire). Ajouter alors les haricots verts et bien les mélanger à la sauce tomate jusqu'à ce qu'ils soient réchauffés (1 à 2 minutes). Servir chaud en garnissant de persil haché.

Note : Cette recette peut aussi être préparée avec des haricots jaunes (beurre) si on les préfère aux verts.

Haricots noirs à la mexicaine

450 g (1 lb) de haricots noirs (secs ou en conserve)

8 cL (⅓ tasse) d'huile végétale

3 oignons émincés

8 grosses tomates, pelées et concassées

4 gousses d'ail, hachées finement

2 branches de céleri, en tranches fines

1 piment jalapeño, épépiné et coupé

2 poivrons verts, évidés et coupés

30 g (⅓ tasse) de coriandre fraîche, hachée

20 g (⅓ tasse) de persil frais, finement haché

1 c. à café (1 c. à thé) de cumin moulu

1 c. à café (1 c. à thé) de chili en poudre

Sel et poivre, au goût

Laisser tremper les haricots secs toute une nuit. Les rincer à l'eau froide et les cuire pendant 45 minutes dans de l'eau bouillante salée. Jeter l'eau de cuisson. Remettre de l'eau dans la casserole et faire bouillir de nouveau pendant 20 minutes. Égoutter les haricots et jeter l'eau de cuisson. (On peut éviter tout ce processus en utilisant la même quantité de haricots en conserve. Dans ce cas, on doit d'abord les rincer sous un jet d'eau froide et bien les égoutter.) Réserver.

Chauffer l'huile dans une casserole et lui ajouter les oignons, les tomates, l'ail, le céleri, le piment, les poivrons, la coriandre et le persil. Faire revenir les légumes pendant 4 à 5 minutes à feu moyen jusqu'à ce qu'ils forment progressivement une sauce. Réduire à feu modéré et ajouter le cumin, le chili, le sel et le poivre. Bien remuer et couvrir. Cuire de 12 à 15 minutes de plus en remuant de temps à autre.

Ajouter les haricots et bien mélanger le tout. Beurrer ou huiler soigneusement un plat à gratin et y verser le mélange. Couvrir et mettre au four à 180 °C (350 °F) pendant 30 minutes. Servir chaud.

Ragoût de gourganes

2 boîtes de 440 g (15 oz) de gourganes ou l'équivalent de gourganes fraîches du jardin ou du marché

6 c. à soupe d'huile d'olive vierge

5 gousses d'ail, pelées et écrasées, mais entières

1 gros oignon, en tranches, puis haché

1 brin de romarin

6 tomates moyennes mûres, épépinées et en tranches

Sel et poivre fraîchement moulu, au goût

Égoutter les gourganes en conserve et les rincer à l'eau froide. Les rincer une deuxième fois et les réserver.

Verser l'huile d'olive dans une grande casserole en fonte, y ajouter l'ail et l'oignon, puis les faire revenir à feu modéré pendant 2 minutes. Ajouter le romarin, les tomates, le sel et le poivre, puis cuire à feu doux de 8 à 10 minutes en remuant souvent.

Après 10 minutes, ajouter les gourganes, bien remuer le tout et cuire encore 5 minutes. Rectifier l'assaisonnement et servir chaud (sans oublier d'ôter le romarin avant de servir).

Note : Cette recette peut être servie seule ou sur un lit de riz blanc. Le riz et les gourganes se marient délicieusement et constituent une protéine entière.

Gourganes aux petits oignons

225 g (½ lb) de gourganes en gousses

225 g (½ lb) de petits oignons perlés, frais ou surgelés

15 cL (10 c. à soupe) d'huile d'olive

6 c. à soupe de jus de citron

62 cL (2 ½ tasses) d'eau

Sel et poivre, au goût

Huile d'olive, au goût

Persil frais, finement haché, au goût

Nettoyer les gourganes et les écosser. Nettoyer et éplucher les petits oignons si on n'utilise pas d'oignons surgelés. (Si on n'a pas le choix, on peut aussi utiliser des petits oignons en conserve.)

Verser l'huile d'olive dans une casserole en fonte, la faire chauffer à feu modéré, puis y jeter les gourganes et les oignons. Faire revenir pendant 1 minute en remuant constamment. Ajouter le jus de citron, l'eau (en rajouter si nécessaire), le sel et le poivre. Remuer à quelques reprises, puis couvrir la casserole. Réduire à feu doux et laisser mijoter pendant 1 heure à 1 heure 15 en remuant de temps à autre. Le plat est prêt lorsque toute l'eau de cuisson est évaporée. Rectifier l'assaisonnement, arroser d'un filet d'huile d'olive et ajouter le persil. Bien remuer et servir.

Haricots romains aux orecchiette

60 haricots romains (sectionner les extrémités)

450 g (I lb) d'*orecchiette* ou autres pâtes alimentaires

Sel en quantité suffisante

7 c. à soupe d'huile d'olive

5 gousses d'ail, pelées

15 feuilles de basilic frais

12 cL (½ tasse) de crème à 35 %

Sel et poivre fraîchement moulu, au goût

Romano râpé, pour le service à table

Nettoyer les haricots et les cuire 5 minutes dans de l'eau bouillante salée. Les rincer à l'eau froide et les réserver.

Cuire les pâtes pendant 5 à 6 minutes dans une grande quantité d'eau bouillante (additionnée de sel et de I c. à soupe d'huile d'olive), jusqu'à cuisson *al dente*. Lorsque les pâtes sont cuites, bien les égoutter.

Pendant que les pâtes cuisent, préparer la sauce en versant l'huile qui reste dans le mélangeur électrique, y ajouter l'ail et le basilic, puis homogénéiser le tout. Transvaser ce mélange dans une grande casserole, ajouter la crème, le sel et le poivre, puis faire chauffer brièvement à feu modéré. Lorsque la sauce est très chaude, ajouter les pâtes et les haricots et remuer délicatement.

Servir immédiatement en accompagnant d'une grande quantité de fromage râpé.

Salade de haricots romains

60 haricots romains
6 tomates moyennes mûres, en tranches
1 petit oignon rouge, en tranches fines

Feuilles de basilic frais, hachées (comme garniture)

VINAIGRETTE

6 c. à soupe d'huile d'olive
3 c. à soupe de vinaigre balsamique

Sel et poivre, au goût

Nettoyer les haricots, mais les laisser entiers. Les faire bouillir 5 minutes dans de l'eau salée, puis les rincer sous un jet d'eau froide et les égoutter. Réserver.

Mélanger tous les ingrédients de la vinaigrette.

Répartir les haricots dans 6 assiettes (environ 10 par personne). Les disposer dans une moitié de l'assiette et disposer les tranches de tomate dans l'autre moitié. Déposer quelques tranches d'oignon au centre et napper les légumes de vinaigrette au moment de servir (rajouter de l'huile et du vinaigre si nécessaire). Garnir chaque portion en parsemant de basilic et servir.

Note : Voici une entrée appétissante à servir au brunch ou au repas du soir, surtout pendant l'été ou au début de l'automne. On peut remplacer les haricots romains par des haricots verts.

Haricots blancs à l'espagnole

5 c. à soupe d'huile d'olive

1 gros oignon, émincé

1 poivron rouge, en dés

1 poivron jaune, en dés

3 gousses d'ail, hachées finement

0,5 L (2 tasses) de sauce tomate maison ou
    en conserve

1 c. à soupe de sauce Worcestershire

12 cL (½ tasse) de xérès sec

1 feuille de laurier

Sel et poivre, au goût

300 g (2 tasses) de haricots blancs, cuits ou
    en conserve, bien égouttés

Beurre en quantité suffisante

Parmesan râpé

Verser l'huile d'olive dans une grande casserole, ajouter l'oignon et les poivrons, puis faire revenir pendant 4 à 5 minutes à feu modéré. Ajouter l'ail, les sauces tomate et Worcestershire, le xérès, le laurier, le sel, le poivre et poursuivre la cuisson 15 à 20 minutes en remuant fréquemment.

Après 20 minutes, ajouter les haricots déjà cuits et bien mélanger tous les ingrédients.

Beurrer un long plat à gratin et y verser le mélange précédent (en ôtant le laurier). Préchauffer le four à 150 °C (300 °F), recouvrir les haricots de parmesan et mettre au four pendant 30 minutes. Servir chaud.

Note : Cette recette peut être servie en plat principal accompagnée de riz nature. La combinaison du riz et des haricots apporte les protéines essentielles et constitue un repas complet.

Lentilles à la bourguignonne

6 À 8 PORTIONS

450 g (1 lb) de lentilles brunes (du Puy, si possible)

2 carottes minces, en fines rondelles

1 gros oignon émincé

3 gousses d'ail, hachées finement

1 bouquet garni (brins de thym, de persil et une feuille de laurier)

1 bouteille (3 tasses) de vin rouge (Bourgogne, de préférence)

0,5 L (2 tasses) d'eau (plus, si nécessaire)

Sel et poivre, au goût

Laisser tremper les lentilles dans l'eau froide pendant au moins 5 ou 6 heures et bien les égoutter.

Déposer les lentilles, les carottes, l'oignon, l'ail et le bouquet garni dans une grande casserole en fonte. Ajouter le vin, l'eau, le sel et le poivre, puis porter à ébullition.

Lorsque le mélange vient à ébullition, bien remuer, baisser à feu modéré, couvrir et laisser mijoter de 1 heure à 1 heure 30 en remuant de temps à autre. Rectifier l'assaisonnement et rajouter de l'eau si nécessaire. (Il faut veiller à ce que les lentilles ne collent pas au fond de la casserole.)

Lorsque les lentilles sont cuites et que le liquide s'est évaporé, ôter le bouquet garni et servir aussitôt.

Note : Voici une recette délicieuse à servir avec du riz blanc ou pour accompagner un plat de viande ou d'œufs.

Les bons légumes du monastère

Gratin de lentilles de saint François

4 À 6 PORTIONS

4 c. à soupe d'huile d'olive

1 oignon, en dés

1 carotte, en rondelles

1 branche de céleri, en tranches

400 g (2 tasses) de lentilles

4 gousses d'ail, hachées finement

Sel et poivre, au goût

1,25 L (5 tasses) d'eau

2 œufs

8 cL (⅓ tasse) de lait

40 g (⅓ tasse) de chapelure

60 g (½ tasse) de fromage râpé

2 c. à soupe de persil frais, haché

1 c. à soupe de thym séché (ou frais, si possible)

Beurre en quantité suffisante

Verser l'huile dans une grande casserole, ajouter l'oignon, la carotte et le céleri, puis faire revenir à feu modéré pendant 2 minutes. Ajouter les lentilles, l'ail, le sel, le poivre et l'eau, puis laisser bouillonner 30 minutes à feu moyen en remuant de temps à autre. S'il reste de l'eau lorsque les lentilles sont cuites, les égoutter dans une passoire.

Battre les œufs dans un grand saladier, ajouter le lait et battre encore. Ajouter la chapelure, la moitié du fromage, soit 30 g (¼ tasse), le mélange d'herbes et bien mélanger le tout. Ajouter les lentilles cuites et les légumes revenus et bien mélanger le tout.

Beurrer un plat à gratin ou une lèchefrite, y verser le mélange et lisser le dessus à la spatule. Parsemer du fromage râpé qui reste et cuire au four à 150 °C (300 °F) pendant 30 minutes. Servir chaud pendant les mois d'hiver ou réfrigérer et servir froid à la saison estivale.

Crème de lentilles

4 c. à soupe d'huile d'olive

2 oignons émincés

2 carottes, en tranches

300 g (1 ½ tasse) de lentilles

2 L (8 tasses) d'eau

1 feuille de laurier

1 brin de thym

Persil haché, au goût

Sel et poivre, au goût

1 jaune d'œuf

12 cL (½ tasse) de lait

Huile d'olive

4 gousses d'ail, hachées finement

Croûtons sautés dans l'huile avec de l'ail
(comme garniture)

Verser l'huile d'olive dans une marmite et y faire revenir les oignons et les carottes pendant 2 minutes à feu modéré.

Ajouter les lentilles, l'eau, le laurier, le thym, le persil, le sel et le poivre. Porter à ébullition, couvrir et laisser mijoter doucement pendant 1 heure 30 à feu doux. Entre-temps, déposer le jaune d'œuf dans un saladier profond, ajouter le lait et bien battre au mélangeur électrique. Réserver.

Laisser la soupe refroidir, puis retirer le laurier et le thym. La passer ensuite à travers un tamis ou l'homogénéiser au mélangeur électrique. La remettre dans une casserole propre et la réchauffer. Lorsque la soupe est chaude, y ajouter l'œuf battu et bien remuer. Couvrir.

Verser un peu d'huile d'olive dans un petit poêlon et y faire revenir l'ail haché pendant quelques instants en remuant constamment. Le laisser dorer en veillant à ce qu'il ne brûle pas. Ajouter ce mélange à la soupe et bien remuer. Servir chaud en garnissant chaque portion de quelques croûtons.

Maïs

(zea mays)

Des aliments typiquement américains, le maïs est toujours aussi populaire de nos jours qu'il l'était au moment de l'arrivée de Christophe Colomb et des premiers colons venus s'installer en Nouvelle-Angleterre. Les livres d'histoire nous apprennent qu'il fut servi dès 1621 à l'occasion de l'Action de grâces et que depuis lors il fait partie du régime alimentaire des Américains. Il leur est d'ailleurs absolument impossible d'imaginer un 4 juillet — jour de leur fête nationale — sans dégustation de maïs primeur dans les millions de pique-niques et de barbecues qui sont organisés à travers tout le pays.

Aujourd'hui, le maïs est non seulement populaire en Amérique, mais aussi dans le monde entier, car il est facile à cultiver partout où le climat assure de bonnes doses de chaleur et d'humidité. Ces deux éléments naturels sont indispensables à sa culture, tout comme un sol fertile et des semences de qualité. Ce sol doit être bien drainé et riche en compost et en minéraux comme l'azote.

La culture du maïs compte au nombre des productions les plus prospères de l'agriculture céréalière américaine. Des régions entières des États du Centre-Ouest sont devenues ce que l'on appelle aujourd'hui la *Corn Belt* (la « ceinture de maïs »). Il ne faut pas perdre de vue que sa culture n'est pas exclusivement destinée à l'alimentation humaine mais d'abord, et peut-être même avant tout, à l'alimentation animale. D'un point de vue nutritionnel, le maïs semble avoir plus de valeur pour l'alimentation du bétail que pour celle de l'être humain. Il est pauvre en protéines et en vitamine B, mais riche en amidon, ce qui lui a valu de nombreux usages industriels au cours des ans, comme en blanchisserie ou dans les travaux ménagers.

Dans la cuisine et sur la table, le maïs est principalement un légume d'été. Les fermiers qui respectent la tradition de leurs ancêtres ne manquent pas de me rappeler chaque année qu'il ne doit être épluché qu'au dernier moment, juste avant de s'asseoir à table. Si on le consomme en épi, celui-ci ne doit bouillir que 3 à 4 minutes, au maximum, et il faut le manger aussitôt. Le maïs en grains et son dérivé, la farine de maïs, sont aussi consommés dans certains pays à titre d'aliment comparable au pain : la polenta en Italie, le gruau dans le sud des États-Unis, les tortillas au Mexique, etc. Il s'agit fondamentalement d'une céréale humble qui se prête à une immense variété d'usages.

Les bons légumes du monastère

Soupe au maïs de saint Laurent

6 c. à soupe d'huile végétale
2 oignons émincés
2 gousses d'ail, hachées finement
3 branches de céleri, en tranches fines
1,75 L (7 tasses) d'eau (plus, si nécessaire)
1 cube de bouillon
1 poivron rouge, en dés

1 pomme de terre, en dés
Grains de 5 épis de maïs ou paquet de
   225 g (8 oz) de maïs surgelé
Sel et poivre, au goût
Coriandre fraîche ou persil, haché
   (comme garniture)

Verser l'huile dans une marmite. Ajouter les oignons, l'ail et le céleri, puis les faire revenir rapidement pendant 2 minutes à feu doux, jusqu'à ce que les oignons deviennent translucides.

Ajouter l'eau et le cube de bouillon, puis porter à ébullition. Ajouter le poivron, la pomme de terre, le maïs, du sel et du poivre, couvrir et cuire pendant 20 minutes à feu modéré. Remuer plusieurs fois, rectifier l'assaisonnement et laisser mijoter 10 minutes de plus. Servir la soupe chaude et garnir chaque portion de coriandre ou de persil.

Soufflé au maïs de saint Martin

1 oignon

3 c. à soupe de beurre

3 c. à soupe de fécule de maïs

0,25 L (1 tasse) de lait

45 g (½ tasse) de cheddar fort, râpé

5 jaunes d'œufs battus

300 g (2 tasses) de grains de maïs cuits,
   bien égouttés

Sel et poivre, au goût

5 blancs d'œufs en neige ferme

Parmesan râpé

Hacher grossièrement l'oignon et le faire revenir à feu doux pendant 2 minutes dans un peu de beurre. Réserver.

Préchauffer le four à 180 °C (350 °F).

Faire fondre le beurre dans une petite casserole. Délayer la fécule dans le lait, puis verser graduellement dans le beurre en remuant constamment jusqu'à épaississement de la sauce. Éteindre le feu, ajouter le fromage et bien mélanger. Laisser refroidir quelques minutes.

Battre les jaunes d'œufs dans un saladier profond, ajouter la sauce au fromage et battre le tout. Ajouter ensuite le maïs et l'oignon revenu, du sel et du poivre au goût et bien remuer. Incorporer délicatement les blancs d'œufs en neige au mélange.

Bien beurrer un moule à soufflé et en tapisser le fond de fromage râpé. Y verser délicatement le mélange précédent et faire cuire au four pendant 30 à 40 minutes. Le soufflé est prêt lorsque le dessus devient doré et qu'il commence à gonfler au centre. Servir dès la sortie du four.

Note : Cette recette peut être servie comme plat principal, accompagnée d'un autre légume de saison.

Gratin de maïs de sainte Marthe

6 À 8 PORTIONS

7 épis de maïs nouveau

4 c. à soupe d'huile d'olive ou d'une autre
huile végétale

1 gros oignon, en tranches fines

4 grosses tomates, pelées et hachées

3 gousses d'ail, hachées finement

Persil frais, haché finement, au goût

Sel et poivre, au goût

2 courges jaunes moyennes, en petits dés

2 courgettes moyennes, en petits dés

4 c. à soupe d'eau

Beurre en quantité suffisante

60 g (½ tasse) de cheddar, râpé

Détacher les grains des épis de maïs à l'aide d'un long couteau bien aiguisé, les plonger dans de l'eau bouillante salée pendant 2 à 3 minutes, puis les égoutter. Réserver.

Verser l'huile dans une grande casserole en fonte et y réunir l'oignon, les tomates, l'ail, le persil, le sel et le poivre. Cuire à feu modéré en remuant pendant 3 minutes ou jusqu'à ce que le mélange ait la consistance d'une sauce.

Ajouter le maïs, les courges et les courgettes, puis bien mélanger le tout. Couvrir, réduire à feu doux et laisser cuire pendant 4 à 5 minutes. Remuer de temps à autre et ajouter l'eau pour augmenter le volume de la sauce.

Bien beurrer un plat à gratin et, à la cuillère, y transvaser les légumes et la sauce. Recouvrir le plat de fromage et cuire au four à 180 °C (350 °F) pendant 20 minutes, jusqu'à ce que le fromage ait fondu et qu'il fasse des bulles. Servir chaud.

Cette recette est idéale à servir à la fin de juillet ou au début d'août lorsque le maïs nouveau commence à arriver. Au monastère, nous servons celui-ci dès le 29 juillet, fête de sainte Marthe, d'où son nom.

Polenta au maïs

360 g (2 tasses) de grains de maïs
  (env. 4 épis de maïs nouveau)

Eau en quantité suffisante

1 oignon pelé et en dés

2 c. à soupe d'huile d'olive

200 g (1 tasse) de semoule de maïs fine ou
  à grains moyens

Sel et poivre fraîchement moulu, au goût

3 c. à soupe de beurre

6 c. à soupe de parmesan râpé

Feuilles de romarin frais, écrasées

Déposer les grains de maïs dans une casserole, les couvrir d'eau et les laisser bouillir 5 minutes, puis les égoutter et les réserver.

Faire légèrement revenir l'oignon dans l'huile d'olive à feu modéré pendant 2 à 3 minutes. Réserver.

Porter 0,75 L (3 tasses) d'eau à ébullition dans une grande casserole, ajouter progressivement la semoule de maïs et le sel en remuant continuellement jusqu'à ce que le mélange épaississe. Ajouter les grains de maïs et l'oignon, puis continuer à cuire sans cesser de remuer, jusqu'à ce que la polenta épaississe et que tous les ingrédients soient bien combinés.

En fin de cuisson ajouter le poivre, le beurre, le fromage et le romarin. Bien remuer le tout et servir chaud. On peut servir la polenta dans un grand plat préalablement réchauffé, un saladier ou des assiettes individuelles. On peut aussi la conserver dans un four préchauffé jusqu'au moment de servir.

Tomates farcies au maïs

6 grosses tomates mûres, mais fermes

2 c. à soupe d'huile d'olive

1 oignon, en dés

3 œufs

12 cL (½ tasse) de lait

360 g (2 tasses) de grains de maïs nouveau (raclés des épis)

40 g (⅓ tasse) de fromage au choix, râpé

Persil haché finement

1 c. à café (1 c. à thé) de thym séché ou frais

6 feuilles de romarin, écrasées

Quelques feuilles de basilic, hachées

Sel et poivre, au goût

Fromage râpé finement, au goût

Choisir des tomates mûres, mais fermes qui ont une assise stable. Découper et retirer une tranche sur le dessus et évider l'intérieur à la cuillère. (Utiliser la pulpe des tomates pour une sauce ou la jeter.)

Verser l'huile dans un poêlon et y faire revenir l'oignon pendant 4 à 5 minutes au maximum. Préchauffer le four à 150 °C (300 °F).

Battre les œufs dans un saladier profond, ajouter le lait et battre encore un peu. Ajouter les grains de maïs, le fromage, l'oignon, les herbes aromatiques, du sel et du poivre et très bien mélanger le tout.

Bien beurrer un plat à gratin et y ranger les tomates l'une à côté de l'autre. Farcir complètement celles-ci avec le mélange au maïs, parsemer chacune d'un peu de fromage et cuire au four pendant 45 minutes. Servir chaud.

Note : Cette recette est succulente pour accompagner un plat principal à la fin de l'été ou au début de l'automne, lorsque les jardins regorgent de maïs et de tomates.

Salade de maïs froide

4 épis de maïs nouveau

1 poivron rouge, en dés

170 g (6 oz) de thon, bien égoutté,
en conserve

170 g (6 oz) d'olives noires dénoyautées,
bien égouttées

1 oignon rouge, en tranches, haché

4 œufs durs, hachés

Persil haché, au goût

VINAIGRETTE

6 c. à soupe d'huile d'olive

3 c. à soupe de vinaigre

Sel et poivre, au goût

Faire cuire les épis de maïs 5 minutes dans de l'eau bouillante salée. Les égoutter et en détacher les grains en les raclant avec un couteau. Les déposer dans un saladier profond et leur ajouter le poivron en dés.

Émietter le thon avec un couteau bien aiguisé et l'ajouter au maïs et au poivron dans le saladier.

Couper les olives en deux et les mettre dans le saladier. Ajouter l'oignon et les œufs durs hachés. Mélanger tous les ingrédients et réfrigérer pendant au moins 2 heures avant de servir.

Ajouter le persil à la salade au moment de servir. Pour préparer la vinaigrette, réunir tous les ingrédients, les battre et en napper la salade. Bien remuer la salade et la servir froide.

Note : Cette salade peut être servie en entrée pendant les mois d'été lorsque l'on peut se procurer du maïs nouveau.

Navet

(brassica napus)

Bien que d'origine inconnue, on a retrouvé certains vestiges qui tendent à prouver que le navet était déjà consommé à l'âge préhistorique. Les Romains et les Grecs le tenaient en haute estime et, pendant le Moyen Âge, il était, avec le chou, le légume le plus populaire d'Europe. Après la découverte de l'Amérique, le navet fit son apparition dans le Nouveau Monde sous l'influence des colons anglais, espagnols et français, ces derniers ayant une véritable prédilection pour ce légume.

Il en existe aujourd'hui de nombreuses variétés, de toutes tailles, formes et couleurs. Au monastère, nous disposons d'excellentes graines en provenance de France et nous en faisons pousser plusieurs espèces dans le jardin. Nous cultivons d'abord un petit navet blanc, qui est très tendre et délicieux dans un grand nombre de recettes. Nous avons aussi le gros navet jaune, qui est succulent dans les soupes et en purée. Puis le navet blanc couronné de violet, le plus couramment connu, car il est de culture facile et présent dans la plupart des supermarchés. Un des types que nous ne cultivons pas dans notre jardin et que nous servons rarement à notre table est le rutabaga, qui appartient à une autre branche de la famille des crucifères.

Le navet contient beaucoup d'eau et une certaine quantité de sucre. Il contient aussi des vitamines A et B. Il est dommage que cet humble légume ne soit pas pris plus au sérieux par les cuisiniers et les jardiniers. Par le passé, il servait de remède contre de nombreuses maladies pulmonaires, l'asthme par exemple. On lui attribuait aussi une influence salutaire sur l'estomac. Je crois sincèrement qu'il est grand temps de redécouvrir sa valeur culinaire et d'en faire un usage plus fréquent à table.

Navets à la paysanne

8 navets blancs, fermes, de taille moyenne
Pincée de sel
Huile de noix en quantité suffisante
Sel et poivre, au goût

Cerfeuil haché finement (comme garniture)
ou bacon, cuit et haché finement pour les
amateurs de viande (facultatif)

Bien laver les navets, en couper les deux extrémités et les détailler en rondelles de 2,5 cm (I po) d'épaisseur.

Les plonger dans une casserole pleine d'eau, ajouter une pincée de sel et porter rapidement à ébullition. Cuire une minute. Égoutter immédiatement, rincer sous un jet d'eau froide et laisser sécher.

Au moment de servir, faire chauffer l'huile à feu modéré dans un poêlon profond et y ajouter les navets. Remuer délicatement à la spatule et laisser dorer les tranches des deux côtés. Ajouter le sel et le poivre au goût, puis garnir de cerfeuil ou de bacon et servir aussitôt.

Note : Les navets préparés ainsi accompagnent délicieusement un plat principal et remplacent avantageusement les habituelles pommes de terre.

Navets et carottes au sirop d'érable

4 PORTIONS

Pincée de sel

6 navets blancs moyens, lavés et en dés

3 carottes, en dés

4 c. à soupe de beurre

I c. à soupe de moutarde en poudre

I c. à soupe de cassonade

4 c. à soupe de sirop d'érable

Pincée de gingembre moulu

Sel et poivre fraîchement moulu, au goût

40 g (I ½ oz) de raisins secs (facultatif)

Porter une grande casserole d'eau à ébullition et y ajouter le sel. Ajouter les navets et les carottes, puis laisser bouillir pendant 6 à 7 minutes. Égoutter immédiatement et réserver.

Faire fondre le beurre à feu modéré dans un grand poêlon profond. Ajouter la moutarde, la cassonade, le sirop d'érable et le gingembre, et bien mélanger le tout. Réduire à feu doux, ajouter les navets, les carottes, le sel, le poivre et les raisins secs. Remuer fréquemment pour que les légumes soient parfaitement enrobés du mélange au sirop d'érable.

Préchauffer le four à 150 °C (300 °F) et bien beurrer un plat à gratin profond muni d'un couvercle. Déposer les légumes dans le plat, couvrir (avec du papier d'aluminium à défaut de couvercle) et cuire au four pendant 25 à 30 minutes. Servir chaud pour accompagner le plat principal.

Navets au gratin

900 g (2 lb) de petits navets blancs
1 gros oignon doux, haché
3 gousses d'ail, hachées finement
6 c. à soupe d'huile d'olive

2 c. à café (2 c. à thé) de graines de carvi
Sel et poivre, au goût
30 g (⅓ tasse) de fromage râpé (parmesan
  ou autre)

Laver et nettoyer les navets, les couper en tranches, les plonger dans une grande casserole d'eau salée et porter à ébullition. Réduire à feu modéré et cuire pendant 10 minutes, jusqu'à ce qu'ils soient attendris.

Préchauffer le four à 180 °C (350 °F). Déposer l'oignon et l'ail dans un grand poêlon, ajouter l'huile et les faire revenir à feu doux. Ajouter le carvi, le sel, le poivre et les tranches de navet bouillies. Cuire pendant 5 minutes, puis mettre le poêlon de côté pendant quelques minutes. Ajouter la moitié du fromage, bien remuer et réduire en purée au pilon.

Huiler ou beurrer un long plat à gratin ou le beurrer. Y transvaser la purée de navets, parsemer le dessus du fromage qui reste et mettre au four pendant 25 à 30 minutes. Servir chaud pour accompagner le plat principal.

Note : Ces navets accompagnent bien les plats de poisson, de viande ou d'œufs.

Timbales de navet

9 navets blancs moyens, pelés et en dés

2 c. à soupe de beurre

3 œufs

22 cL (8 oz) de crème moitié-moitié (crème légère)

Sel et poivre, au goût

¼ c. à café (¼ c. à thé) de noix muscade moulue

Cerfeuil ou persil frais, haché finement (comme garniture)

Porter de l'eau à ébullition dans une grande casserole, y ajouter les navets et les cuire pendant 30 minutes. Les égoutter et les réduire en purée sans grumeaux au robot de cuisine.

Faire fondre le beurre dans une casserole et ajouter la purée de navets. Poursuivre la cuisson à feu doux quelques minutes en remuant constamment pour éviter que les légumes ne collent au fond. Après 3 à 4 minutes de cuisson, retirer la casserole du feu et laisser refroidir.

Casser les œufs dans le mélangeur électrique, ajouter la crème, le sel, le poivre et la muscade, puis bien homogénéiser. Incorporer progressivement ce mélange à la purée de navets en fouettant à la fourchette. Bien mélanger.

Préchauffer le four à 180 °C (350 °F) et beurrer soigneusement 6 petits ramequins. Les remplir délicatement et uniformément du mélange précédent.

Déposer avec soin les ramequins dans une lèchefrite et ajouter de l'eau jusqu'à la moitié de leur hauteur. Cuire au four pendant 45 minutes ou au moins jusqu'à ce que le contenu en soit ferme et lisse. (Si nécessaire, rajouter de l'eau dans le bain-marie en cours de cuisson.)

Lorsque les timbales sont cuites, les retirer précautionneusement du bain-marie et les laisser refroidir pendant 1 minute avant de les démouler. Pour démouler, glisser la lame d'un petit couteau tout le tour du ramequin. Opérer avec précaution, sans précipitation, puis poser une petite assiette sur le ramequin et retourner celui-ci d'un seul coup. Soulever délicatement le ramequin pour que la timbale reste intacte. Servir chaud ou froid en garnissant le dessus de cerfeuil haché.

Oignon

(allium cepa)

Comme la pomme de terre, l'oignon jouit d'un intérêt universel, et les peuples du monde entier l'utilisent dans maintes préparations culinaires. Il est pratiquement impossible de trouver une cuisine qui n'en fait pas usage.

L'oignon et ses nombreuses variétés appartiennent tous à la famille des liliacées. Les premières espèces connues semblent avoir vu le jour dans la partie occidentale de l'Asie, une région qui couvre aujourd'hui le Pakistan et l'Iran. D'Asie, il est parvenu en Égypte où il était tenu dans une telle estime qu'il était considéré comme une plante sacrée, réservée au seul usage des dieux. À partir de là, il a été exporté en Grèce et à Rome. Alors que les Grecs semblaient éprouver à son égard un certain dédain à cause de son odeur forte et repoussante, les Romains de leur côté l'appréciaient beaucoup et en faisaient grand cas. Ils encourageaient sa culture qui s'est répandue dans tout leur empire, car ils croyaient qu'il donnait une force et une énergie extraordinaires aux soldats sur le champ de bataille.

Au Moyen Âge, l'oignon était particulièrement honoré à table où les rois et les nobles chantaient ses qualités magiques et se délectaient de sa présence dans les plats les plus élaborés. Comme si ses qualités culinaires n'étaient pas suffisantes, il était grandement apprécié pour ses usages médicinaux, principalement pour ses vertus laxatives.

Aujourd'hui, l'oignon est reconnu comme une excellente source de vitamines B_1, B_2 et C. Sa tige verte, tout comme celle de l'oignon vert, ne devrait pas systématiquement être jetée par les cuisiniers, car elle contient un grand nombre de ces vitamines. C'est une bonne raison pour le cultiver dans son jardin, afin de bénéficier des avantages qu'il apporte en le mangeant frais et entier, et de profiter ainsi de toutes ses vitamines.

L'ail, l'échalote, la ciboulette et leurs cousins appartiennent tous à la famille de l'oignon (*allium*). Ce sont tous des condiments, des herbes aromatiques et des garnitures très utiles. On peut les utiliser dans une grande variété de plats et ils figurent dans un grand nombre de recettes de ce livre.

Tourte à l'oignon

6 PORTIONS

CROÛTE (PÂTE BRISÉE)

I œuf

150 g (I tasse) de farine tout usage

125 g (I bâtonnet) de beurre ou de margarine

5 c. à soupe d'eau glacée

Pincée de sel

GARNITURE

450 g (I lb) d'oignons

3 c. à soupe de beurre

2 œufs

22 cL (8 oz) de crème moitié-moitié (crème légère) ou de crème à 35 %

Sel et poivre, au goût

Préparer la pâte brisée en réunissant tous les ingrédients dans un saladier profond. Utiliser une fourchette et les mains pour bien mélanger le tout jusqu'à l'obtention d'une pâte homogène. Ne pas trop travailler cette pâte. La former en boule, la saupoudrer de farine, la remettre dans le saladier, la couvrir et la réfrigérer pendant I heure.

Entre-temps, préparer la garniture. Peler les oignons et les couper en tranches. Faire fondre le beurre dans un poêlon profond, y jeter les oignons et les cuire à feu doux pendant 8 à 10 minutes en remuant souvent à la spatule, jusqu'à ce qu'ils soient dorés.

Bien saupoudrer une surface de travail de farine et, lorsque la pâte est prête, l'abaisser au rouleau en l'étalant dans toutes les directions. Beurrer soigneusement un moule à tarte et y déposer délicatement l'abaisse (en ne touchant la pâte qu'avec les doigts). En couper l'excédent, couvrir avec une feuille d'aluminium et cuire au four à 120 °C (250 °F) pendant 10 à 20 minutes.

Battre les œufs dans un saladier profond, ajouter la crème, le sel et le poivre, puis continuer à battre jusqu'à ce que le mélange soit lisse. Ajouter les oignons cuits et bien mélanger de nouveau.

Garnir la croûte du mélange aux oignons et mettre au four à 150 °C (300 °F) pendant 25 à 30 minutes. Servir chaud.

Note : On peut servir cette recette en entrée, mais aussi en plat principal, surtout au brunch ou au repas du soir.

Oignons glacés

225 g (½ lb) de petits oignons nouveaux
2 c. à soupe de beurre
2 c. à soupe de calvados

Pincée de sel
Pincée de sucre

Peler délicatement les oignons pour les conserver entiers. Les déposer dans un poêlon profond et ajouter suffisamment d'eau pour les couvrir. Porter à ébullition, couvrir et cuire pendant 5 minutes.

Après 5 minutes, réduire à feu doux, ajouter le beurre, le calvados, le sel et le sucre. Bien mélanger, couvrir et remuer de temps à autre de manière que les oignons soient parfaitement enrobés. Laisser toute l'eau s'évaporer et servir immédiatement.

Note : Cette délicieuse recette accompagne très bien un plat principal et elle est très facile à préparer.

Oignons en salade

4 À 6 PORTIONS

450 g (1 lb) d'oignons nouveaux, moyens
  (Vidalia, de préférence)

Feuilles de laitue

VINAIGRETTE

8 c. à soupe d'huile d'olive

4 c. à soupe de vinaigre de framboise
  (ou autre)

1 c. à soupe de moutarde de Dijon

Sel et poivre, au goût

Préchauffer le four à 180 °C (350 °F). Y déposer les oignons entiers, sans les peler, et les y laisser 30 minutes. Les sortir du four et les laisser refroidir.

Avec un petit couteau pointu, peler délicatement les oignons en veillant à ce qu'ils ne se défassent pas. Quand ils sont tous pelés, les couper en deux dans le sens de la longueur.

Préparer la vinaigrette en mélangeant bien tous les ingrédients.

Étaler 2 feuilles de laitue sur chaque assiette de service et y déposer 3 à 4 demi-oignons. Napper de vinaigrette et servir. (Pour apporter un peu de couleur, on peut ajouter 2 tranches de tomates et quelques olives à chaque portion.)

Note: Voici une entrée originale à servir à des convives qui aiment la saveur des oignons. Cuits de cette manière, ils peuvent aussi être servis pour accompagner le poisson ou la volaille.

Soupe à l'oignon gratinée

6 oignons blancs

2 oignons rouges

60 g (½ bâtonnet) de beurre ou 6 c. à soupe d'huile d'olive

2 c. à soupe de fécule de maïs

1,5 L (6 tasses) d'eau ou de bouillon au choix

4 cubes de bouillon (si on n'utilise pas de bouillon maison)

6 c. à soupe de cognac

Sel et poivre, au goût

Pincée de thym moulu

6 tranches de pain

Gruyère râpé ou un autre fromage au choix

Peler les oignons et les couper en tranches. Faire fondre le beurre dans une marmite, ajouter les oignons et les cuire à feu doux en remuant constamment jusqu'à ce qu'ils soient dorés.

Ajouter la fécule et bien remuer. Ajouter l'eau et les cubes de bouillon (ou le bouillon) et le cognac, porter à ébullition et laisser cuire pendant 5 minutes. Ajouter le sel, le poivre et le thym, réduire à feu doux et laisser mijoter 10 minutes de plus.

Verser la soupe dans des bols résistants à la chaleur. Poser une tranche de pain sur chacun et parsemer toute la surface de gruyère râpé. Préchauffer le four à 150 °C (300 °F), y déposer délicatement les bols et laisser gratiner pendant 5 à 10 minutes, jusqu'à ce que le fromage soit fondu et fasse des bulles. Servir immédiatement.

Poireau

(allium ampeloprasum)

*L*e poireau était déjà connu et très utilisé dans les temps anciens. Les Égyptiens et les Grecs, en particulier, l'appréciaient beaucoup. À Rome, on disait que l'empereur Néron en consommait une certaine quantité chaque jour afin d'améliorer l'état de ses cordes vocales. Au Moyen Âge, il était très populaire et couramment utilisé dans la soupe que l'on appelait *porée* ou *soupe aux poireaux.*

Le poireau est l'un de ces légumes très populaires non seulement en France, où l'écrivain Anatole France l'appelait l'*asperge du pauvre,* mais aussi à travers toute l'Europe. Il connaît désormais le même succès dans d'autres parties du monde. Il est, par exemple, cultivé dans les jardins américains et on le trouve sans peine dans les supermarchés, sans avoir à se rendre dans une épicerie fine. Dans le jardin de notre monastère, nous en faisons pousser en quantité suffisante pour répondre à nos besoins tout l'hiver. En plein mois de décembre, lorsque tout est mort au jardin, les seules plantes qui résistent au froid sont les poireaux, et c'est un grand bonheur que de pouvoir encore récolter quelque chose de frais à cette époque de l'année.

Le poireau est particulièrement riche en eau et faible en calories, ce qui le rend donc facile à digérer et agréable à manger.

Poireaux à la flamande

8 poireaux (2 par personne)
0,5 L (2 tasses) de lait
3 c. à soupe de farine tout usage

1 petit fromage de chèvre de 80 à 100 g
    (3 à 4 oz), émietté
Sel et poivre, au goût

Bien laver et nettoyer les poireaux en coupant l'extrémité fanée des feuilles. Les cuire pendant 12 minutes dans de l'eau bouillante salée, puis les égoutter.

Bien mélanger le lait et la farine dans une casserole et cuire pendant 10 minutes à feu doux en remuant constamment. Ajouter alors le fromage de chèvre, les poireaux, le sel et le poivre. Couvrir et laisser cuire, toujours à feu doux, pendant 6 à 7 minutes. Retirer du feu et servir immédiatement.

Note : Cette recette fait une délicieuse entrée au repas du soir. On peut garnir le dessus des poireaux de cerfeuil ou de persil, haché finement.

Poireaux vinaigrette

8 gros poireaux (2 par personne)

3 tomates bien mûres, en tranches

I concombre, en tranches

Persil, haché finement (comme garniture)

VINAIGRETTE

8 c. à soupe d'huile d'olive

4 c. à soupe de vinaigre balsamique ou
d'autre vinaigre au choix

I c. à café (I c. à thé) de moutarde de Dijon
ou d'une autre moutarde au choix

Sel et poivre fraîchement moulu, au goût

Bien laver et nettoyer les poireaux. Séparer la partie verte de la partie blanche. Fendre les blancs en deux et jeter les feuilles vertes ou les conserver pour une soupe.

Lier les blancs délicatement avec de la ficelle de cuisine pour qu'ils ne se défassent pas à la cuisson. Les plonger tout aussi délicatement dans de l'eau bouillante salée, couvrir et cuire à feu modéré pendant 30 minutes. Égoutter et laisser refroidir.

Au moment de servir, couper les ficelles et déposer 4 demi-poireaux dans chaque assiette. Les garnir d'un côté des tranches de tomate et de l'autre des tranches de concombre. Bien mélanger tous les ingrédients de la vinaigrette et en napper uniformément les légumes. Parsemer de persil haché et servir immédiatement.

Note: Voici un hors-d'œuvre très appétissant pour un souper élégant.

Poireaux à la grecque

8 poireaux (2 par personne)

25 cL (I tasse) de vin blanc sec

0,25 L (I tasse) d'eau

I cube de bouillon

12 petits oignons (3 par personne), pelés et
  nettoyés

I feuille de laurier

12 cL (½ tasse) d'huile d'olive vierge

Sel, au goût

Quelques grains de poivre

Bien laver et nettoyer les poireaux, couper, jeter la partie verte et plonger le blanc dans de l'eau bouillante salée. Faire blanchir 4 minutes au plus et bien égoutter.

Déposer les poireaux dans une casserole et ajouter le vin, l'eau, le cube de bouillon, les oignons, le laurier, l'huile, le sel et le poivre. Couvrir et cuire à feu modéré pendant 30 minutes, jusqu'à ce que la plus grande partie du liquide soit évaporée. Lorsque les légumes sont cuits, les laisser refroidir pendant au moins 1 heure avant de servir. Enlever et jeter le laurier, puis disposer 2 poireaux et 3 oignons dans chaque assiette de service.

Note : Cette recette fait une entrée appétissante pour un bon souper.

«Frites» de poireau

8 poireaux nettoyés et coupés en tronçons de 18 cm (7 po) de long	1 œuf battu
Sel	Sel et poivre, au goût
6 c. à soupe environ de farine tout usage	Chapelure
	Huile pour la friture en quantité suffisante

Plonger les poireaux dans de l'eau bouillante, ajouter du sel et cuire pendant 8 à 10 minutes. Les égoutter et les assécher avec du papier absorbant.

Étaler la farine sur une assiette plate. Battre l'œuf dans un plat creux, ajouter le sel et le poivre, puis battre encore. Mettre la chapelure dans une autre assiette plate.

Rouler d'abord chaque bâtonnet de poireau dans la farine, puis dans l'œuf battu et enfin dans la chapelure.

Verser de l'huile à friture dans un poêlon et la faire chauffer. Lorsqu'elle est très chaude, y plonger les tronçons et les faire frire avec précaution, en veillant à ce qu'ils restent intacts et qu'ils soient dorés de tous les côtés.

Lorsque les poireaux sont cuits, les déposer dans un plat à gratin préalablement beurré et les mettre au four préchauffé à 150 °C (300 °F) pendant 15 à 20 minutes.

Note : Servir cette recette chaude en amuse-gueule ou pour accompagner le plat principal.

Risotto aux poireaux

4 c. à soupe de beurre

1 échalote hachée finement

2 blancs de poireau bien lavés, en fines rondelles

350 g (2 tasses) de riz arborio

1,25 L (5 tasses) d'eau bouillante (ou de bouillon de poulet)

25 cL (1 tasse) de vin blanc sec

Sel et poivre fraîchement moulu, au goût

⅓ c. à café (⅓ c. à thé) de noix muscade moulue

45 g (½ tasse) de fromage râpé (parmesan ou autre fromage au choix)

Fromage râpé en quantité suffisante, pour le service à table

Faire fondre le beurre dans une grande casserole en fonte. Ajouter l'échalote et les poireaux, puis faire revenir à feu modéré jusqu'à ce qu'ils soient fondants.

Ajouter le riz et remuer constamment pendant 1 à 2 minutes jusqu'à ce qu'il soit bien enrobé de beurre et qu'il devienne translucide. Mouiller progressivement avec l'eau bouillante tout en remuant constamment. Ajouter aussi le vin blanc. Ajouter le sel, le poivre et la noix muscade à mi-cuisson, sans cesser de remuer.

Lorsque le riz est cuit, ajouter 45 g (½ tasse) de fromage râpé et remuer vigoureusement jusqu'à ce qu'il soit entièrement incorporé au riz. Servir chaud en accompagnant de fromage râpé.

Poireaux à la manière d'Éliane Anger

4 PORTIONS

8 gros poireaux

Sel

VINAIGRETTE

8 c. à soupe d'huile d'olive
4 c. à soupe de vinaigre à l'estragon

1 fromage de chèvre de 50 g (2 oz), émietté
à la fourchette
Sel et poivre fraîchement moulu, au goût

Parer les poireaux en coupant les racines et les feuilles vertes. Ôter la première pelure extérieure, ajouter du sel, couvrir et cuire pendant 20 minutes au bain-marie. Lorsqu'ils sont cuits, les égoutter et les rincer sous un jet d'eau froide. Les égoutter de nouveau et réserver.

Préparer la vinaigrette en mélangeant tous les ingrédients jusqu'à consistance onctueuse.

Au moment de servir, déposer 2 poireaux dans chaque assiette et les napper d'un peu de vinaigrette. Servir cette délicieuse recette froide en entrée.

Pois

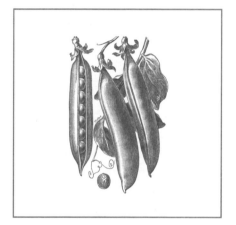

(pisum sativum)

Grâce à certaines recherches archéologiques entreprises récemment, on a découvert que le pois existait déjà 10 000 avant J.-C. C'est sans doute l'un des plus anciens légumes connus. Il semble qu'il vienne d'Orient, de Perse, plus exactement, qui porte aujourd'hui le nom d'Iran. De là, il a petit à petit essaimé jusqu'en Asie Mineure (l'actuelle Turquie) et en Palestine avant d'atteindre la Grèce et Rome. Le petit pois a joué de nombreux rôles à travers les siècles, celui entre autres d'être versé en salaire aux pauvres dans l'Angleterre du Moyen Âge. Par la suite, il est devenu un légume très à la mode sur la table surtout sous le règne de Louis XIV, qui en était très friand.

Il existe une grande variété de pois qui appartiennent tous à la même famille. Ici, au monastère, nous en cultivons deux : le pois mange-tout, tendre et sucré, qui peut être consommé entier avec sa gousse, et le petit pois courant, qui doit être écossé. Tous deux sont évidemment en vente dans les supermarchés mais, au monastère, nous les semons dans notre jardin très tôt dans la saison. C'est une vieille tradition monastique que de planter les premiers pois le 25 mars, jour de la fête de l'Annonciation et de l'Incarnation du Christ. Ils se cultivent en général assez bien dans les climats frais et il faut les semer au début du printemps pour pouvoir les récolter au début de juin. Plus tard dans l'année, au début du mois d'août pour être précis, nous en semons pour la récolte d'automne.

Le pois est riche en vitamines B, C et E. Il contient aussi beaucoup de protéines et d'hydrates de carbone, ce qui lui donne une grande valeur nutritive.

Il existe une autre variété de pois qui n'appartient pas à la même famille que les précédents, mais dont certaines recettes sont incluses dans ce livre. Il s'agit du *pois chiche*. Celui-ci appartient à la famille de *cicer arietinum* et, comme le pois, il s'agit d'une légumineuse connue depuis l'Antiquité. Le pois chiche était très aimé des Romains qui le cultivaient dans leurs jardins. Il est resté un des légumes de prédilection des pays méditerranéens, où on a créé de nombreuses recettes qui le mettent en valeur.

Petits pois fermière

285 g (10 oz) de petits pois, frais ou surgelés
12 petits oignons blancs
4 petites carottes nouvelles
4 c. à soupe de beurre
6 feuilles de laitue, en fines lanières

1 c. à soupe de sucre
Sel et poivre, au goût
Persil frais, haché finement
   (comme garniture)

Écosser les petits pois (ou utiliser des petits pois surgelés). Peler les oignons et les carottes, et couper ces dernières en rondelles.

Verser de l'eau dans une casserole, ajouter les oignons et les carottes, puis porter le tout à ébullition. Réduire à feu modéré et cuire pendant 6 à 8 minutes.

Après 6 ou 7 minutes de cuisson, ajouter les pois écossés, le beurre, la laitue, le sucre et le sel. Bien remuer et laisser cuire encore 10 minutes. Lorsque les légumes sont cuits et prêts à servir, les égoutter et les transvaser dans un saladier. Rectifier l'assaisonnement, ajouter le poivre et remuer délicatement le tout. Garnir en parsemant de persil et servir.

Note : Voici une délicieuse recette à servir pendant toute l'année, mais tout particulièrement à la fin du printemps ou au début de l'été, au moment de la récolte des petits pois.

Soupe crémeuse aux pois cassés

300 g (1 ½ tasse) de pois cassés secs

3 carottes, en dés

2 blancs de poireau, en tranches

1 oignon émincé

2 L (8 tasses) d'eau (plus, si nécessaire)

30 g (1 oz) de beurre

12 cL (½ tasse) de lait à 1 % ou à 2 %

Sel et poivre, au goût

Pincée de noix muscade moulue

Croûtons (comme garniture)

Réunir les pois, les carottes, les blancs de poireau et l'oignon dans une grande marmite. Ajouter l'eau et porter à ébullition. Réduire à feu modéré, couvrir et cuire pendant 30 minutes. Retirer du feu et laisser refroidir.

Bien homogénéiser la soupe au mélangeur électrique ou au robot de cuisine. La remettre dans la marmite et la réchauffer. Ajouter le beurre, le lait et les assaisonnements, y compris la muscade. Bien mélanger en remuant à plusieurs reprises. Servir chaud et garnir chaque portion de croûtons.

Pois mange-tout à la chinoise

4 à 6 PORTIONS

8 champignons chinois séchés (ou autres
   champignons séchés)
225 g (½ lb) de pois mange-tout frais
4 c. à soupe d'huile végétale
115 g (4 oz) de pousses de bambou,
   égouttées et en tranches, en conserve

Sel au goût
1 ½ c. à soupe de sauce soja
1 c. à café (1 c. à thé) de sucre
1 bouquet de ciboulette, hachée finement
   (comme garniture)

Faire tremper les champignons secs pendant 30 minutes dans de l'eau tiède. Les couper en tranches d'égale épaisseur et en jeter le pied.

Laver et nettoyer les pois mange-tout en ôtant les extrémités et le filament. Les déposer dans une casserole pleine d'eau, porter à ébullition, couvrir et éteindre le feu. Laisser reposer pendant 10 minutes, puis égoutter.

Verser la moitié de l'huile dans un wok ou un poêlon profond, ajouter les pois mange-tout en remuant constamment pendant 30 à 40 secondes. Les retirer du poêlon et les réserver.

Verser l'huile qui reste dans le wok ou le poêlon, ajouter les champignons, les pousses de bambou, le sel, la sauce soja et le sucre, et cuire pendant 1 à 2 minutes sans cesser de remuer. Ajouter les pois mange-tout, bien remuer et servir chaud en garnissant de ciboulette.

Salade de pois chiches

400 g (2 tasses) de pois chiches, cuits
ou 2 boîtes de 425 g (15 oz) de pois
   chiches nature, égouttés et rincés
4 carottes, râpées finement (au robot
   de cuisine)

1 oignon moyen, haché finement
2 branches de céleri, en tranches fines
Feuilles de menthe fraîche, hachées (facultatif)

VINAIGRETTE

8 cL (⅓ tasse) d'huile d'olive
4 c. à soupe de jus de citron

Sel et poivre, au goût

Verser les pois chiches dans un saladier profond, ajouter les carottes, l'oignon et le céleri. Bien remuer le tout et réfrigérer pendant au moins 1 heure.

Au moment de servir, préparer la vinaigrette en mélangeant bien tous les ingrédients. En napper les légumes, ajouter la menthe, remuer délicatement plusieurs fois et servir immédiatement.

Note : Voici une délicieuse salade à servir tout au long de l'été.

Poivron

(capsicum annuum)

$\mathcal{L}$e *poivron* est une variété de piment dont il existe de nombreux représentants dans le monde. Certains ont vu le jour en Asie et en Inde, mais la majorité proviennent d'ici, du vaste continent américain, où ils sont censés avoir été découverts par Christophe Colomb dans une région que l'on appelle aujourd'hui l'Amérique centrale. Selon l'auteur Pierre Marty, Colomb l'a découvert au cours de son premier voyage en Amérique. Il l'a alors ramené en Espagne pour montrer à ses compatriotes le genre de fruit-légume qui faisait partie de l'alimentation des peuplades indigènes. La variété que Colomb ramena en Europe était un piment fort et piquant, probablement de l'espèce appelée « chili ». Les Espagnols l'adoptèrent aussitôt en guise d'épice nouvelle pour la cuisine et lui donnèrent le nom de *pimento*. Depuis lors, il est devenu un des produits les plus utilisés pour relever les plats dans presque tous les pays. Il suffit, pour comprendre son succès, de songer au poivre noir qui entre dans la composition de la plupart des recettes, à part les desserts. On ne saurait en effet se passer du poivre. Comme on ne saurait non plus se passer du piment de Cayenne, du paprika ou du poivre blanc. Il va sans dire que de nos jours le poivre compte au nombre des épices les plus employées permettant de relever tous les plats, du plus simple au plus raffiné.

Quant au poivron, on prétend qu'il est originaire du Brésil, d'où sa culture s'est étendue au Portugal et à d'autres pays du monde. Ce gros légume coloré, très populaire dans les supermarchés, peut être vert, jaune ou rouge et il a vu sa cote de popularité augmenter sur les tables et dans les jardins nord-américains. Dans celui de notre monastère, nous en cultivons chaque année. Nous en semons aussi d'autres variétés comme les petits poivrons forts qui sont souvent utilisés en marinade et pour donner du piquant à certains plats et trempettes.

Outre sa principale utilisation à titre d'épice, le poivron est aussi une riche source de vitamines A, B_2, B_6 et E. Sa couleur permet aussi de l'utiliser comme élément de décoration dans de nombreux plats. Dans certaines régions du globe, on recommande aux personnes atteintes de rhumatismes d'en consommer. Il est en général pauvre en calories et sa valeur nutritive diminue beaucoup à la cuisson.

Les bons légumes du monastère

Coulis de poivron rouge

4 gros poivrons rouges
6 c. à soupe d'huile d'olive (plus, si nécessaire)

Persil frais, haché (facultatif)

SAUCE BLANCHE LÉGÈRE

2 c. à soupe de fécule de maïs
38 cL (1 ½ tasse) de lait
2 c. à soupe de beurre

Sel et poivre, au goût
Pincée de noix muscade moulue

Couper les poivrons en 4 et les évider. Les déposer sur une assiette en aluminium sous le gril du four, jusqu'à ce que la peau commence à brunir superficiellement. Les laisser refroidir et les peler.

Les mettre dans le récipient du robot de cuisine, ajouter l'huile d'olive et homogénéiser jusqu'à les réduire en purée épaisse et lisse. (On peut ajouter du persil haché pour apporter une saveur supplémentaire.)

Préparer la sauce en délayant la fécule dans le lait, puis faire fondre le beurre dans une casserole. Lorsque le beurre commence à mousser, ajouter la fécule délayée et remuer longuement. Ajouter du sel et du poivre au goût ainsi que la noix muscade. Continuer à remuer jusqu'à ce que la sauce épaississe. Celle-ci est prête lorsqu'elle a une consistance épaisse et lisse.

Ajouter la purée de poivron à la sauce et remuer pour bien les mélanger. Servir chaud pour napper le poisson, certains légumes, certaines viandes, le riz ou une omelette.

Note : On peut remplacer la sauce blanche par 38 cL (1 ½ tasse) de crème à 35 % si on souhaite avoir une sauce plus légère. Faire alors chauffer la crème jusqu'au point d'ébullition, ajouter la purée de poivrons, un peu de poivre fraîchement moulu et bien remuer. Cela donne une sauce très onctueuse et plus légère que l'on nomme coulis.

Salade de mesclun au poivron rouge

4 gros poivrons rouges
1 oignon blanc moyen, en tranches fines
680 g (1 ½ lb) de mesclun (tendres feuilles de salade variées), lavé, nettoyé et égoutté

1 petit radicchio (chicorée rouge), coupé en lanières dans le sens de la longueur
225 g (8 oz) de mozzarella, en tranches fines (comme garniture)

VINAIGRETTE

6 cL (¼ tasse) d'huile d'olive vierge
3 c. à soupe de vinaigre de vin

Sel et poivre, au goût

Cuire les poivrons sur le gril ou au four à 180 °C (350 °F) environ 20 minutes en les retournant de temps à autre. Lorsqu'ils sont cuits, les enfermer dans un sac en papier et les laisser refroidir. Dès qu'ils sont froids, les peler et les évider, puis les couper en fines lanières.

Les déposer dans un saladier profond, ajouter l'oignon, le mesclun et la chicorée, et bien mélanger le tout.

Préparer la vinaigrette au moment de servir en mélangeant tous ses ingrédients. En napper la salade et la remuer délicatement. Servir dans des assiettes individuelles en garnissant chacune de tranches de mozzarella.

Note : Cette recette fait une entrée élégante à n'importe quel moment de l'année.

Salade de poivrons rouges et jaunes

2 gros poivrons jaunes, évidés

2 gros poivrons rouges, évidés

450 g (1 lb) de haricots verts frais
  (les plus fins possible)

1 oignon rouge, en tranches fines

Persil frais, haché finement

VINAIGRETTE

8 cL (⅓ tasse) d'huile d'olive vierge

2 c. à soupe de vinaigre balsamique

1 c. à café (1 c. à thé) de jus de citron,
  fraîchement pressé

1 c. à café (1 c. à thé) de moutarde de Dijon

Sel et poivre fraîchement moulu, au goût

Couper les poivrons en fines lanières dans le sens de la longueur. Les faire blanchir à l'eau bouillante pendant 30 secondes, les égoutter aussitôt et les rincer sous un jet d'eau froide pour leur redonner leur fraîcheur et leur belle couleur. Réserver.

Sectionner les extrémités des haricots et en ôter les filaments. Les faire bouillir pendant 5 minutes dans de l'eau salée, les égoutter et les rincer à l'eau froide comme les poivrons. Réserver.

Préparer la vinaigrette en mélangeant bien tous les ingrédients. Au moment de servir, déposer tous les légumes dans un saladier, les napper de vinaigrette, les parsemer de persil et remuer délicatement la salade. Servir immédiatement.

Note : Cette recette fait une succulente entrée le soir ou le midi, ou même au brunch.

Poivrons farcis au thon

2 gros poivrons rouges

2 gros poivrons jaunes

6 c. à soupe d'huile d'olive vierge

4 c. à soupe de jus de citron

2 gousses d'ail, pelées et hachées finement

Sel et poivre, au goût

170 g (6 oz) de thon, égoutté et émietté, en conserve

16 olives noires, dénoyautées et hachées

16 câpres égouttées

Basilic frais, haché finement (comme garniture)

Couper les poivrons en deux dans le sens de la longueur. Ôter et jeter le pédoncule et les graines. Les déposer dans un long plat en aluminium et les mettre sous le gril du four pendant 15 à 20 minutes, jusqu'à ce que la peau commence à brunir. Les laisser refroidir et les peler, en veillant à ce que les moitiés restent intactes.

Verser l'huile d'olive dans un saladier, ajouter le jus de citron, l'ail, du sel et du poivre au goût, bien remuer et réfrigérer pendant au moins 45 minutes.

Au moment de servir, sortir le saladier du réfrigérateur, y ajouter le thon, les olives et les câpres, et bien mélanger le tout. Si nécessaire, rectifier l'assaisonnement.

Déposer un demi-poivron rouge et un demi-poivron jaune sur chacune des 4 assiettes de service. Farcir les poivrons avec le mélange au thon, parsemer de basilic et servir.

Note : Voici une élégante entrée pour le repas du soir, mais elle peut aussi être servie le midi ou au brunch.

Tagliatelles aux poivrons

6 PORTIONS

2 poivrons rouges

2 poivrons jaunes

2 poivrons verts

I oignon pelé

2 gousses d'ail, hachées finement

8 c. à soupe d'huile d'olive vierge

450 g (I lb) de tagliatelles

Petits brins de marjolaine fraîche

Petits brins de thym frais

Sel et poivre, au goût

I paquet de 225 g (8 oz) de fromage de chèvre comme garniture* (facultatif)

Couper les poivrons en deux dans le sens de la longueur et les mettre avec l'oignon sous le gril du four pendant 10 à 12 minutes, jusqu'à ce qu'ils soient bien grillés, sans être brûlés. Les sortir du four et les laisser refroidir.

Lorsqu'ils sont froids, peler délicatement les poivrons et les couper dans le sens de la longueur, en fines lanières de la même largeur que les nouilles. Couper délicatement l'oignon en rondelles ou en longs bâtonnets. Déposer les poivrons, l'oignon et l'ail dans un saladier résistant à la chaleur et les arroser de 6 c. à soupe d'huile. Couvrir et réserver au four à 100 °C (200 °F).

Cuire les pâtes dans de l'eau bouillante salée pendant 6 à 7 minutes ou jusqu'à cuisson *al dente*. Les égoutter et les transvaser dans le plat de service. Ajouter les poivrons et l'oignon réservés, 2 c. à soupe d'huile, la marjolaine, le thym, ainsi que du sel et du poivre au goût. Bien mélanger tous les ingrédients et servir.

*On peut servir ce plat chaud ou tiède, mais jamais froid. On peut aussi le servir sans le fromage râpé habituel, mais en parsemant chaque portion de fromage de chèvre chaud ou émietté.

Pomme de terre

(solanum tuberosum)

S'ils devaient se demander quel est le « légume » le plus populaire de tous, je pense que la plupart des gens répondraient la pomme de terre. L'intérêt qu'on lui porte semble en effet universel. On la trouve aujourd'hui dans tous les marchés publics et dans tous les supermarchés, pendant toute l'année et pratiquement partout dans le monde.

Son origine a été retrouvée dans les Andes. Elle a d'abord été découverte au Pérou par les conquistadors espagnols en 1532. L'année suivante, un certain Pedro C. de Leon mentionne dans ses *Chroniques du Pérou*, publiées à Séville, en Espagne, que la pomme de terre ou « papas » comme l'appelaient les Péruviens, était, tout comme le maïs, indispensable dans l'alimentation quotidienne des Incas. En Europe, les premiers tubercules furent introduits en Espagne vers 1533. De là, la culture de la pomme de terre s'est étendue rapidement à la France et à l'Italie. Au début du XVIIe siècle, elle était déjà bien établie en France où une description scientifique en était faite dans l'*Histoire des plantes,* publiée en 1601. De là, sa culture s'est étendue à l'Allemagne, à l'Autriche, à la Suisse et à d'autres pays du nord de l'Europe. Au XVIIIe siècle, le pharmacien militaire et agronome français Antoine A. Parmentier avait pris à cœur de la faire connaître et de répandre sa culture dans toutes les provinces françaises. Il s'adressa au roi lui-même en faisant valoir que c'était peut-être le type d'aliment le plus approprié à faire pousser pour nourrir ses sujets pendant les périodes de disette. Son succès doit tant à Parmentier qu'aujourd'hui encore un grand nombre de plats à base de pommes de terre portent le qualificatif de « parmentier ».

De nos jours, on connaît et on cultive plus d'une centaine de variétés de pommes de terre à travers le monde. L'un de mes amis, fermier à Millbrook, se spécialise dans la culture de la pomme de terre et en fait pousser 28 variétés différentes. Dans le jardin de notre monastère, nous en cultivons 3 à 4 espèces pour répondre à nos besoins et, par ailleurs, nos récoltes nous suffisent amplement. J'apprécie particulièrement les petites pommes de terre, rouges ou blanches, qui enjolivent un grand nombre de nos préparations culinaires.

La pomme de terre possède une grande valeur nutritive et contient beaucoup de vitamines B_1, B_2 et C. En la préparant pour la cuire, il ne faut jamais perdre de vue l'importance de la pelure. Très souvent, nous l'ôtons et nous la jetons, alors qu'elle renferme 40 % du contenu de la pomme de terre en vitamine C. Bien lavée, la pomme de terre nouvelle à la pelure tendre peut être servie telle quelle, en « robe des champs ».

Salade de pommes de terre à la française

(I ½ lb) de pommes de terre à
llir, cuites et pelées

ʊ ŵuɪ durs, écalés et hachés

6 petites tomates mûres, évidées et en quartiers

I petit oignon rouge, en tranches

100 g (½ tasse) d'olives noires, dénoyautées
et coupées en deux

5 c. à soupe de câpres

VINAIGRETTE

8 cL (⅓ tasse) d'huile d'olive
(plus, si nécessaire)

4 c. à soupe de vinaigre à l'estragon

(plus, si nécessaire)

I c. à soupe de moutarde de Dijon

Sel et poivre noir fraîchement moulu, au goût

Couper les pommes de terre en dés et les déposer dans un grand saladier. Ajouter les œufs durs, les tomates, l'oignon, les olives et les câpres.

Préparer la vinaigrette en mélangeant bien tous les ingrédients. (On peut rajouter de l'huile ou du vinaigre au goût.) Au moment de servir, napper les légumes de vinaigrette et remuer délicatement en veillant à ce qu'ils en soient bien enduits. Rectifier l'assaisonnement et servir.

Note : Voici une succulente salade à servir le midi ou lors d'un brunch entre amis.

Soupe aux pommes de terre et au stilton

4 pommes de terre moyennes, pelées et en dés

2 blancs de poireau, hachés finement, ou

I oignon moyen, haché

0,75 L (3 tasses) d'eau

0,75 L (3 tasses) de lait à I % ou à 2 %

3 c. à soupe de beurre ou de margarine

3 c. à soupe de farine tout usage

6 brins de persil, hachés finement

Sel et poivre blanc moulu, au goût

150 g (⅔ tasse) de stilton émietté

Déposer les pommes de terre et les blancs de poireau (ou l'oignon) dans une grande marmite. Ajouter l'eau, porter à ébullition, puis réduire à feu doux. Couvrir et laisser mijoter pendant 20 minutes, jusqu'à ce que les pommes de terre soient tendres. Retirer du feu et réduire les légumes en purée au pilon.

Verser le lait dans une autre casserole, ajouter le beurre, la farine, le persil ainsi que du sel et du poivre, au goût. Faire chauffer le mélange à feu moyen en remuant constamment jusqu'à ce que le lait atteigne le point d'ébullition. Verser cette sauce dans la marmite de pommes de terre et cuire à feu moyen en remuant fréquemment, jusqu'à ce que la soupe épaississe et fasse des bulles. Rectifier l'assaisonnement.

Pendant que la soupe est chaude et bouillonnante, ajouter le stilton en remuant constamment jusqu'à ce qu'il fonde et soit parfaitement incorporé. Servir chaud.

Petites pommes de terre à la sauce au yogourt

6 PORTIONS

8 cL (⅓ tasse) d'huile de sésame
  (plus, si nécessaire)
680 g (1 ½ lb) de petites pommes de terre
  (nouvelles de préférence), pelées
Beurre en quantité suffisante
450 g (16 oz) de yogourt nature
Sel et poivre, au goût

1 c. à café (1 c. à thé) de cumin moulu
40 g (½ tasse) de coriandre fraîche, hachée
  finement
5 gousses d'ail, pelées et hachées finement
2 oignons moyens, hachés
Coriandre fraîche, hachée finement
  (comme garniture)

Verser l'huile dans un grand poêlon ou une casserole, ajouter les pommes de terre entières et les faire revenir à feu modéré pendant 5 minutes en remuant souvent et en rajoutant de l'huile si nécessaire.

Bien beurrer un plat à gratin profond muni d'un couvercle ou une cocotte en fonte. Y déposer les pommes de terre et ajouter le yogourt, le sel, le poivre, le cumin, la coriandre, l'ail et les oignons, puis bien mélanger le tout. Couvrir et cuire au four préchauffé à 180 °C (350 °F) pendant 50 à 60 minutes. Garnir en parsemant le dessus du plat de coriandre. Servir chaud pour accompagner le plat principal.

Croquettes de pomme de terre à la belge

450 g (1 lb) de pommes de terre moyennes,
   pelées et en quartiers
40 g (¼ tasse) de farine tout usage
3 œufs (blancs et jaunes séparés)
4 c. à soupe de crème à 35 %

4 c. à soupe de parmesan ou de gruyère,
   râpé finement
Noix muscade moulue, au goût
Pincée de poivre blanc moulu
Huile pour la friture

Faire cuire les pommes de terre dans de l'eau bouillante salée. Lorsqu'elles sont cuites, les égoutter complètement et les laisser sécher au moins 30 minutes dans un grand saladier profond.

Réduire les pommes de terre en purée grossière. Ajouter la farine, les jaunes d'œufs, la crème, le fromage, la noix muscade et le poivre. Bien mélanger tous les ingrédients. Battre les blancs d'œufs en neige et les incorporer progressivement à la purée. Réfrigérer pendant 1 heure.

Préparer des croquettes en roulant en boulette, entre les 2 mains, une petite quantité de mélange aux pommes de terre. Déposer les boulettes dans un plat en évitant qu'elles se touchent.

Verser l'huile dans un poêlon métallique, la faire chauffer à feu moyen et y faire dorer les croquettes de tous les côtés. Les retirer délicatement et les déposer dans un plat à gratin. (Il est préférable de ne faire frire que quelques croquettes à la fois, car l'opération est délicate.) Lorsque toutes les croquettes sont cuites, les réserver au four à 100 °C (200 °F) jusqu'au moment de servir.

Note : Ces croquettes accompagnent délicieusement les plats de poisson, de viande ou d'œufs.

Pommes de terre nouvelles à la sauge et à l'ail

4 PORTIONS

15 pommes de terre moyennes, pelées et
  coupées en deux
Huile d'olive en quantité suffisante
2 oignons, en tranches
Sel, au goût

Bouquet de feuilles de sauge fraîche
6 gousses d'ail (fraîches, si possible)
Paprika, au goût
12 cL (½ tasse) d'eau ou de lait
Beurre en quantité suffisante

Porter les pommes de terre à ébullition dans une grande casserole. Lorsqu'elles sont cuites, les égoutter et les réserver.

Verser l'huile dans un poêlon profond et y faire revenir les oignons pendant 2 à 3 minutes en remuant souvent. Ajouter les pommes de terre et saupoudrer de sel au goût. Remuer de nouveau et cuire pendant 2 à 3 minutes à feu modéré en veillant à ce qu'elles soient enrobées de tous les côtés (et en rajoutant de l'huile si nécessaire).

Hacher finement la sauge et l'ail au mélangeur électrique et les ajouter aux pommes de terre. Ajouter le paprika et faire revenir en remuant pendant 1 à 2 minutes de plus.

Bien beurrer un plat à gratin muni d'un couvercle. Y déposer les pommes de terre, les arroser d'eau ou de lait, couvrir et cuire au four à 180 °C (350 °F) pendant 30 minutes. Servir chaud.

Note: Cette recette accompagne délicieusement les plats principaux de poisson, d'œufs ou de viande.

Salade de pommes de terre aux carottes et aux champignons

4 À 6 PORTIONS

8 pommes de terre, pelées

4 carottes

1 oignon rouge, en tranches

8 champignons frais, lavés et en tranches

Persil frais, haché finement (comme garniture)

Olives noires, dénoyautées et hachées
   (comme garniture)

VINAIGRETTE

8 c. à soupe d'huile d'olive vierge

4 c. à soupe de vinaigre de vin

1 gousse d'ail, hachée finement

Sel et poivre, au goût

Faire bouillir les pommes de terre et les carottes jusqu'à ce qu'elles soient tendres, puis les laisser refroidir. Couper les pommes de terre en dés et les carottes en rondelles, puis les réunir dans un saladier.

Ajouter l'oignon et les champignons, puis remuer délicatement.

Préparer la vinaigrette en mélangeant bien tous les ingrédients. Au moment de servir, verser la vinaigrette sur les légumes et remuer de nouveau jusqu'à ce qu'ils en soient bien enduits. Servir dans des assiettes individuelles et garnir chaque portion en la parsemant de persil et d'olives.

Patates douces au four

4 grosses patates douces, lavées et nettoyées

18 cL (¾ tasse) de crème sure (crème aigre) allégée

8 cL (⅓ tasse) de sirop d'érable

½ c. à soupe de gingembre moulu

½ c. à soupe de noix muscade moulue

Sel et poivre, au goût

Beurre

Préchauffer le four à 200 °C (400 °F). Couper soigneusement les patates douces en deux, puis les cuire au four pendant 40 à 50 minutes jusqu'à ce qu'elles soient tendres. Les retirer du four et baisser le thermostat à 180 °C (350 °F).

Évider délicatement les demi-patates à la cuillère en veillant à ce que la peau demeure intacte et déposer la pulpe dans un grand saladier. Au pilon, réduire la pulpe en purée, ajouter la crème sure (crème aigre), le sirop d'érable, le gingembre, la noix muscade, le sel et le poivre, puis bien mélanger le tout.

Farcir uniformément les demi-patates avec le mélange précédent, les déposer dans un plat à gratin beurré et ajouter une noix de beurre sur chacune. Mettre au four et laisser cuire pendant 25 à 30 minutes. (Elles sont prêtes quand le dessus a pris une teinte dorée.)

Note : Voici une délicieuse et appétissante recette pour accompagner les plats de viande, de poisson ou d'œufs, spécialement pendant l'automne et l'hiver.

Patates douces au rhum

900 g (2 lb) de patates douces
12 cL (½ tasse) de sirop d'érable
12 cL (½ tasse) de jus d'orange
50 g (⅓ tasse) de raisins secs

½ c. à soupe de noix muscade moulue
3 c. à soupe de beurre
4 c. à soupe de rhum
Pincée de sel

Faire bouillir les patates douces pendant 15 à 20 minutes. Les égoutter, les laisser refroidir et les peler délicatement.

Les couper en tranches dans le sens de la longueur et les déposer délicatement dans un plat à gratin beurré.

Mélanger les ingrédients qui restent dans une casserole et les faire chauffer à feu doux pendant quelques minutes en remuant constamment. Retirer la casserole du feu avant que le mélange arrive à ébullition. Napper uniformément les patates du mélange et cuire au four à 180 °C (350 °F) pendant 30 à 35 minutes, jusqu'à ce que la majorité du liquide ait pris consistance d'une sauce épaisse ou soit évaporée. Servir chaud.

Radis

(raphanus sativus)

*S*elon certains documents, le radis était déjà cultivé dans l'Antiquité par les Égyptiens, qui lui donnaient le nom de «lune». Celui-ci était aussi connu en Mésopotamie et dans d'autres régions du Proche-Orient. Puis il a progressivement atteint la Grèce et l'Italie. Les Grecs le cultivaient à des fins alimentaires et médicinales parce qu'ils croyaient que le radis possédait des pouvoirs curatifs contre la toux et les hémorragies.

Le radis est un légume adoré par la plupart des jardiniers, car il pousse dans n'importe quel type de sol, riche ou pauvre, et il peut être récolté et consommé 30 jours après les semis. Aucun autre légume n'a jamais fait preuve d'une telle vitesse de pousse! Pour s'assurer une récolte prolongée, le secret consiste, bien entendu, à effectuer des semis consécutifs toutes les 2 semaines environ.

Le radis est riche en vitamines B et C, mais il ne possède qu'une faible valeur nutritive. Aux États-Unis, il est principalement utilisé dans des salades ou en hors-d'œuvre. J'ai toutefois inclus quelques recettes dans ce livre pour démontrer combien il est délicieux cuit. Il suffit tout simplement d'en faire l'essai.

Radis confits

32 radis (8 par personne)

4 c. à soupe de beurre

3 c. à soupe de sucre

Sel et poivre fraîchement moulu, au goût

2 c. à soupe d'eau

Cerfeuil haché finement, au goût
  (comme garniture)

Choisir de beaux radis frais, approximativement de la même taille. Bien les laver et couper les 2 extrémités.

Faire fondre le beurre dans un poêlon profond, ajouter le sucre, le sel, le poivre et l'eau. Remuer plusieurs fois, couvrir et cuire à feu doux pendant 12 à 15 minutes, ou jusqu'à ce que toute l'eau soit évaporée. Garnir en parsemant de cerfeuil. Servir chaud pour accompagner un plat principal de poisson, de viande ou autre.

Fricassée de radis

450 g (1 lb) de gros radis, en tranches

3 concombres moyens, pelés, en quartiers et en dés de 2,5 cm (1 po)

3 c. à soupe de vinaigre blanc ou de vinaigre de cidre

4 c. à soupe d'huile, de beurre ou de margarine

2 c. à soupe de jus de citron

Aneth frais, haché (comme garniture)

Réunir les radis et les concombres dans un saladier profond et les arroser de vinaigre. Les laisser mariner 30 minutes, puis les égoutter.

Verser l'huile ou faire fondre le beurre ou la margarine dans un grand poêlon. Ajouter les légumes et les faire revenir à feu modéré pendant 5 à 6 minutes. (Ne pas les laisser trop cuire, ils doivent rester fermes et croquants.)

Lorsque les légumes sont cuits, les arroser de jus de citron, remuer délicatement et parsemer d'aneth. Servir tiède.

Pesto aux fanes de radis et au parmesan

4 À 6 PORTIONS

130 g (2 tasses) de fanes de radis fraîches, hachées

45 g (1 tasse) de feuilles de basilic, hachées

25 cL (1 tasse) d'huile d'olive vierge

6 gousses d'ail, hachées finement

45 g (½ tasse) de parmesan ou de romano, râpé

2 c. à soupe de pignons (facultatif)

Sel et poivre fraîchement moulu, au goût

Réunir les fanes de radis et le basilic dans le récipient du robot de cuisine (on peut aussi utiliser un mortier et un pilon et y ajouter progressivement les ingrédients). Homogénéiser à grande vitesse pendant quelques secondes, puis arrêter le moteur. À la spatule, répartir uniformément la pâte dans le récipient.

Ajouter l'huile d'olive, l'ail, le fromage, les pignons, le sel et le poivre, puis homogénéiser de nouveau à grande vitesse pendant quelques secondes, jusqu'à ce que tous les ingrédients soient bien mélangés.

Note : Cette délicieuse sauce peut accompagner des plats de pâtes et certains légumes, comme les tomates ou les pommes de terre. On peut aussi l'employer avec le poisson ou les œufs. Elle se conserve longtemps au réfrigérateur.

Canapés aux radis et à l'avocat

20 radis moyens frais, lavés, nettoyés, coupés en deux, puis en tranches fines

2 avocats mûrs

1 échalote hachée finement

3 c. à soupe d'huile d'olive

4 c. à soupe de jus de citron, fraîchement pressé

Sel et poivre moulu, au goût

Coriandre fraîche, hachée finement

6 à 8 tranches de pain, craquelins ou tortillas

Utiliser, autant que possible, des radis frais du jardin.

Peler les avocats, les dénoyauter et les réduire en purée à la fourchette. Ajouter l'échalote, l'huile, le jus de citron, le sel et le poivre, la coriandre et bien combiner le tout. Ajouter les radis et bien mélanger jusqu'à consistance lisse.

Faire griller le pain et couper chaque tranche en 4 morceaux égaux. Tartiner la purée de radis et d'avocat sur chaque morceau et servir les canapés aux invités. (Si on ne souhaite pas utiliser de pain, on peut employer ses craquelins préférés ou des tortillas.)

Note : Cette purée de radis et d'avocat peut être préparée à l'avance et réfrigérée jusqu'au moment de l'utiliser.

Salades vertes

Au début de l'été, une grande variété de salades vertes commencent à pousser dans le jardin de notre monastère. Grâce à des semis répétés au cours de la saison, nous sommes heureux d'en apprécier la fraîcheur et les délices en les associant à nos repas pendant toute cette période. Le cuisinier n'a plus qu'à faire preuve d'imagination pour créer de succulents mariages avec les différentes sortes de saveurs, de textures, d'odeurs et de couleurs qui sont à sa disposition. Parmi les salades que nous cultivons et servons au monastère, nous trouvons celles-ci :

LAITUE
(lactuca sativa)

La laitue est certainement la salade verte la mieux connue et la plus cultivée. On la connaît depuis l'Antiquité où les anciens Égyptiens la considéraient comme un légume sacré. Au cours de cérémonies rituelles, elle était présentée à la fois en offrande et en hommage à la déesse de la fertilité, car ils croyaient fermement en ses vertus aphrodisiaques. Les Grecs et les Romains lui trouvaient aussi d'autres qualités médicinales. Ils en conseillaient fortement, par exemple, la consommation aux insomniaques, car ils la trouvaient très efficace pour favoriser le sommeil.

Aujourd'hui, il existe des centaines de variétés de laitue propres à la culture dans le jardin. Il en existe aussi beaucoup dans les supermarchés. Dieu merci, le temps où la seule laitue que l'on trouvait dans les supermarchés nord-américains était la laitue *iceberg* est aujourd'hui révolu. Parmi les favorites de nos jardins, nous trouvons les laitues Bibb et Boston, la romaine, la batavia et toutes celles dont nous avons ramené les graines de France, comme la Lollo Rossa et la Merveille des Quatre Saisons.

CHICORÉE
(cichorium endivia)

Ce type de chicorée, que certains supermarchés nomment parfois à tort « endive » et qui n'a rien à voir avec celle-ci (voir page 121), possède une saveur légèrement amère et elle crée un délicieux contraste lorsqu'elle est mélangée à d'autres salades vertes. Notre préférée est celle que les Français appellent la « chicorée frisée ».

Outre celle-ci, l'une des chicorées qui nous donnent d'excellents résultats est la *grosse pancalière* dont nous faisons venir les graines de France, bien qu'il soit probablement possible de se procurer les semences ici même. L'une de ses nombreuses qualités, à part sa saveur et sa texture exquises, est le fait qu'elle est à peu près insensible à la chaleur et au froid. Elle continue en effet à pousser dans notre jardin longtemps après la première gelée.

ROQUETTE OU ARUGULA
(eruca vesicaria)

L'arugula est quelquefois appelée « roquette » ou « rouquette ». C'est une salade qui a son origine dans les pays méditerranéens d'Europe où elle est toujours largement cultivée et appréciée. Sa saveur poivrée se marie harmonieusement avec d'autres salades plus douces. Nous en cultivons deux ou trois espèces dans notre jardin : l'annuelle, qui est la plus facile à trouver ici, et la *roquette cultivée*. Et nous aimons particulièrement l'*arugula salvatica*, qui est une vivace. Ses graines nous ont été ramenées de Venise, en Italie, par un bon ami. Elle a gardé ses qualités de vivace dans notre jardin où elle pousse avec une telle profusion que nous devons en détruire quelques plants tous les ans, sinon elle envahirait tout le potager. Nos voisins et amis du Dutchess County, dans l'État de New York, en ont aussi bénéficié et elle prolifère maintenant dans leurs propres jardins.

AUTRES SALADES VERTES

Il existe encore d'autres salades vertes que nous cultivons dans notre jardin. Et dans le saladier, nous obtenons aussi de très bons résultats, car ces salades sont complémentaires. Il s'agit de la scarole, de la mâche, du mesclun et des fanes de moutarde et de radis. J'aime particulièrement le cresson de fontaine et je l'utilise souvent dans nos salades et d'autres plats comme des soupes, mais nous n'avons malheureusement pas les conditions nécessaires à sa culture dans notre jardin. (En effet, il pousse dans les ruisseaux et nous n'en avons aucun sur le terrain du monastère.)

Salade de laitue Boston au concombre

1 laitue Boston moyenne

1 concombre moyen, pelé et en tranches

1 oignon moyen, en tranches

2 œufs durs, finement hachés

VINAIGRETTE

6 c. à soupe d'huile d'olive vierge

3 c. à soupe de vinaigre balsamique

1 c. à café (1 c. à thé) de moutarde de Dijon

Sel et poivre, au goût

Laver soigneusement la laitue, l'essorer, en séparer les feuilles et les déposer dans un saladier. Ajouter le concombre et l'oignon.

Préparer une simple vinaigrette en mélangeant bien tous les ingrédients. Au moment de servir, la verser sur la salade et remuer délicatement.

Servir la salade dans 4 assiettes individuelles et parsemer chaque portion d'œufs durs.

Note: Voici une salade facile à préparer et délicieuse à servir tout au long de l'année.

Scarole aux œufs durs

1 scarole tendre

1 oignon rouge, en tranches fines

24 tomates cerises (4 par personne)

6 œufs durs, coupés en deux dans le sens de la longueur

VINAIGRETTE

8 c. à soupe d'huile d'olive vierge

1 c. à soupe de jus de citron

3 c. à soupe de vinaigre balsamique

Sel et poivre fraîchement moulu, au goût

Nettoyer la frisée et bien la laver. Choisir les feuilles du cœur les plus belles et les plus tendres, puis jeter les plus dures. Bien les essorer et les mélanger avec l'oignon, puis répartir ce mélange dans 6 assiettes de service.

Laver et sécher les tomates cerises. Les couper en deux et les répartir, avec les œufs, dans les assiettes en les posant décorativement sur la salade.

Préparer la vinaigrette au moment de servir en mélangeant bien les ingrédients et en napper chaque portion de salade.

Note : Cette délicieuse salade peut être servie en entrée ou comme un plat en lui-même. On la sert alors après le plat principal. Elle est particulièrement agréable pendant les mois d'été lorsqu'il est possible de récolter les légumes du jardin.

Salade de laitue romaine à l'italienne

6 À 8 PORTIONS

1 romaine, lavée, essorée et en petits morceaux

6 tomates moyennes, mûres, en quartiers

1 oignon rouge, en rondelles

180 g (1 tasse) d'olives vertes, dénoyautées

450 g (2 tasses) de mozzarella fraîche, en cubes

VINAIGRETTE

8 c. à soupe d'huile d'olive vierge
   (plus, si nécessaire)

2 c. à soupe de vinaigre de vin rouge
   (plus, si nécessaire)

2 c. à soupe de jus de citron
   (plus, si nécessaire)

Sel et poivre noir, au goût

Disposer des assiettes à salade sur la table de cuisine et y répartir la romaine en parts égales.

Déposer les tomates, l'oignon et les olives dans un saladier profond, puis remuer délicatement. Répartir ensuite ce mélange également sur les assiettes de laitue en garnissant chaque portion de mozzarella.

Au moment de servir, préparer la vinaigrette en mélangeant bien tous les ingrédients. En napper uniformément chaque portion de salade et servir immédiatement.

Note : Cette recette fait une délicieuse introduction à un bon repas, le midi ou le soir, ou encore au brunch.

Salade de roquette du gourmet

VINAIGRETTE

8 cL (⅓ tasse) d'huile d'olive vierge fruitée (extravierge, si possible)

3 c. à soupe de vinaigre balsamique ou d'un bon vinaigre de vin rouge

Sel et poivre fraîchement moulu, au goût

SALADE

1 gros bouquet de feuilles de roquette fraîche (arugula), lavées et nettoyées

1 radicchio (chicorée rouge), feuilles coupées en deux dans le sens de la longueur

2 endives, feuilles coupées en deux dans le sens de la longueur

1 petit bouquet de cresson, tiges sectionnées

225 g (½ lb) de feuilles de mâche, lavées et égouttées

Préparer la vinaigrette en mélangeant bien tous les ingrédients.

Au moment de servir, déposer les diverses salades dans un grand saladier et y verser la vinaigrette préparée. Mélanger et vérifier que toutes les feuilles en soient bien enduites. Servir immédiatement.

Salade de mâche aux pommes

4 PORTIONS

2 endives

I petit oignon

I gros bouquet de mâche, lavée et les rosettes entières

2 pommes

Persil frais, haché, ou ciboulette, ciselée, comme garniture (facultatif)

VINAIGRETTE

115 g (½ tasse) de yogourt hypocalorique nature ou de crème sure (crème aigre)

I c. à soupe de crème à 35 %

2 c. à soupe d'huile d'olive

2 c. à soupe de jus de citron, fraîchement pressé

I c. à café (I c. à thé) de moutarde

Sel et poivre, au goût

Bien laver et sécher les endives et l'oignon. Les couper en tranches et les déposer dans un grand saladier avec la mâche. Ajouter les pommes (préalablement épluchées et coupées) et mélanger délicatement.

Préparer la vinaigrette en mélangeant bien tous les ingrédients dans un autre saladier. La battre énergiquement à la fourchette jusqu'à ce qu'elle devienne lisse et crémeuse, puis la réfrigérer jusqu'au moment de servir.

Au moment de servir, napper la salade de sauce. Bien remuer et servir immédiatement. On peut garnir chaque portion de persil haché ou de ciboulette.

Salade de laitue romaine au gorgonzola

1 romaine, détaillée en morceaux de 7,5 cm (3 po)

1 petit radicchio (chicorée rouge), haché finement

1 oignon rouge, en tranches fines

1 petit concombre, pelé et en tranches fines

22 cL (8 oz) de crème sure (crème aigre) à teneur réduite en gras

180 g (¾ tasse) de gorgonzola, émietté

2 c. à soupe d'huile d'olive vierge

4 c. à soupe de jus de citron, fraîchement pressé

Sel et poivre, au goût

Déposer les légumes dans un grand saladier.

Mélanger la crème sure (crème aigre), le fromage, l'huile, le jus de citron, le sel et le poivre dans un autre saladier. Battre à la fourchette jusqu'à ce que les ingrédients soient bien mélangés et deviennent une vinaigrette crémeuse.

Au moment de servir, napper les légumes de vinaigrette et remuer délicatement la salade. Servir immédiatement.

Note : Voici une salade facile à préparer qui peut être servie tout au long de l'année.

Soupe à la laitue romaine

I romaine, lavée et hachée

2 poireaux (parties blanche et verte), lavés et en tranches

3 pommes de terre moyennes, pelées et en dés

2,25 L (8 ½ tasses) d'eau

2 gousses d'ail, pelées et hachées finement

Sel et poivre, au goût

22 cL (8 oz) de crème à 35 %

Croûtons, comme garniture (de la soupe chaude)

Déposer les légumes coupés dans une marmite. Ajouter l'eau et l'ail, puis porter à ébullition. Réduire à feu modéré et laisser cuire pendant 20 à 25 minutes. Retirer du feu et laisser refroidir.

Homogénéiser la soupe au mélangeur électrique ou au robot de cuisine. La réchauffer à feu doux, ajouter le sel, le poivre et la crème en remuant constamment jusqu'à ce que tous les ingrédients soient bien mélangés. On peut servir cette soupe chaude ou froide. (Si on la sert chaude, on peut garnir chaque portion de quelques croûtons.)

Pesto à la roquette,
aux pignons et au romano

DONNE 0,25 L (1 TASSE)

6 gousses d'ail, hachées finement

1 gros bouquet de feuilles de roquette
   (arugula), hachées

40 g (⅓ tasse) de pignons, hachés finement

6 c. à thé de romano ou de parmesan, râpé

25 cL (1 tasse) d'huile d'olive vierge

Pincée de sel

Pincée de poivre

Réunir tous les ingrédients dans le récipient du mélangeur électrique ou du robot de cuisine et homogénéiser pendant quelques minutes jusqu'à ce qu'ils soient bien combinés.

Note: Cette sauce peut accompagner les pâtes et certains légumes comme les tomates ou les courgettes. On peut aussi en farcir des œufs durs.

Salade de roquette

1 gros bouquet de feuilles de roquette
    (arugula), nettoyées et lavées
1 petit radicchio (chicorée rouge), haché
1 petit concombre, pelé et en tranches fines

1 petit oignon, en tranches
Fromage bleu ou fromage de chèvre, émietté,
    au goût (comme garniture)

VINAIGRETTE

6 c. à soupe d'huile d'olive vierge
3 c. à soupe de vinaigre à l'estragon

Sel et poivre, au goût

Réunir la roquette, le radicchio, le concombre et l'oignon dans un grand saladier.

Au moment de servir, préparer la vinaigrette en mélangeant bien tous les ingrédients et la verser sur les légumes. Mélanger délicatement la salade et vérifier qu'elle soit régulièrement enduite de sauce. Servir dans des assiettes individuelles et garnir chaque portion en la parsemant de fromage.

Note : Cette salade est idéale à servir entre le plat principal et le dessert.

Potage cressonnière

3 grosses pommes de terre, pelées et en tranches

2 blancs de poireau, en rondelles

I gros bouquet de cresson, haché

1,75 L (7 tasses) d'eau (plus, si nécessaire)

3 c. à soupe de beurre

25 cL (I tasse) de crème à 35 % ou de crème moitié-moitié (crème légère) ou de lait entier ou de lait à 2 %

Sel et poivre fraîchement moulu, au goût

Réunir les pommes de terre, les blancs de poireau et le cresson dans une grande casserole. Ajouter l'eau, porter à ébullition, couvrir et laisser mijoter doucement la soupe pendant 30 minutes. Mettre la casserole de côté et laisser refroidir la soupe.

Lorsque la soupe est froide, l'homogénéiser par petites quantités au mélangeur électrique.

Faire fondre le beurre dans la casserole et lui ajouter la soupe au fur et à mesure de son homogénéisation. Ajouter enfin la crème, le sel et le poivre. Bien remuer et porter la soupe à légère ébullition à feu modéré. Remuer de nouveau et couvrir la casserole. Servir la soupe chaude ou la réfrigérer pendant quelques heures et la servir froide.

Note : Voici une délicieuse et élégante entrée pour un bon repas du soir.

Tomate

(lycopersicon esculentum)

La tomate n'est pas à proprement parler un légume, mais plutôt un fruit. Elle est originaire des Andes, ces vieilles montagnes péruviennes. Les premiers Espagnols qui colonisèrent cette partie de l'Amérique découvrirent la tomate et l'introduisirent ensuite en Europe. Ils constatèrent que les Indiens de cette région l'utilisaient pour préparer une sauce très épicée qui est à l'origine de notre sauce tomate et de la *salsa*, si populaire aujourd'hui.

La tomate, comme la pomme de terre elle aussi découverte vers la même époque, commença à être cultivée en Europe, surtout en Italie, où elle reçut le nom de *pomodore*, la « pomme d'or ». De l'Italie et de l'Espagne, elle fut introduite en France où on l'appela la « pomme d'amour » parce qu'on la croyait dotée de puissantes vertus aphrodisiaques.

Aujourd'hui, la tomate est connue partout et elle est cultivée dans le monde entier. Elle est certainement l'un des fruits les plus populaires, surtout parmi ceux qui sont habituellement consommés comme des légumes. On en compte désormais de nombreuses variétés pour la culture, de la tomate primeur jusqu'à la tardive, qui est excellente en conserve. La tomate aime le soleil et celle qui mûrit en août ou au début de septembre a habituellement meilleure saveur, car elle a profité d'un maximum d'ensoleillement et de chaleur. Elle est riche en vitamines A, B et C, ainsi qu'en fer et en magnésium. La peau est la seule partie que certains trouvent parfois difficile à digérer. Dans ce cas, il est préférable de la peler avant de la consommer. Au monastère, nous consacrons une grande partie des mois de septembre et d'octobre à en faire de la sauce et des conserves pour l'hiver. Avant de les préparer en sauce, je plonge les tomates entières pendant 2 minutes dans l'eau bouillante pour les peler avec plus de facilité.

Velouté de tomates

4 c. à soupe d'huile d'olive

450 g (1 lb) de tomates fraîches, pelées et épépinées

3 carottes, en rondelles

2 oignons émincés

1 pomme de terre, pelée et en tranches

225 g (8 oz) de sauce tomate

Quelques brins de persil, hachés finement

¼ c. à café (¼ c. à thé) de thym séché

Sel et poivre fraîchement moulu, au goût

2 L (8 tasses) d'eau

12 cL (4 oz) de crème à 35 % ou de yogourt hypocalorique nature

Verser l'huile dans une grande casserole et y ajouter les tomates, les carottes, les oignons, la pomme de terre, la sauce tomate, le persil, le thym, le sel et le poivre. Laisser revenir pendant 3 minutes à feu doux en remuant constamment.

Ajouter ensuite l'eau, bien remuer, porter à ébullition et couvrir. Cuire pendant 30 minutes à feu modéré en remuant de temps à autre.

Lorsque la soupe est cuite, la réserver et la laisser refroidir. L'homogénéiser ensuite par petites quantités au mélangeur électrique. Pour servir le velouté froid, le conserver au réfrigérateur. Pour le servir chaud, le réchauffer au préalable, mais sans le laisser bouillir. Dans les deux cas, n'ajouter la crème ou le yogourt qu'au dernier moment, mélanger soigneusement et servir.

Salade de tomates à la mozzarella

4 PORTIONS

4 tomates rouges mûres

2 tomates jaunes mûres

1 oignon rouge, en fines tranches séparées en anneaux

12 feuilles de basilic frais (ou plus, au goût)

225 g (½ lb) de mozzarella fraîche, en tranches

Huile d'olive fruitée, au goût

Vinaigre balsamique, au goût

Sel et poivre fraîchement moulu, au goût

Olives noires comme garniture (2 par assiette) (facultatif)

Bien laver les tomates et les couper en tranches de la même épaisseur. Les répartir dans 4 assiettes de service.

Répartir uniformément les oignons, le basilic et la mozzarella dans les assiettes.

Au moment de servir, arroser légèrement chaque portion d'huile d'olive et de vinaigre et saupoudrer de sel et de poivre. Garnir chaque assiette de 2 olives.

Note : Cette salade peut être servie comme entrée le midi ou le soir.

Salsa verde

450 g (1 lb) de tomatilles, coupées en deux
ou en quartiers

2 oignons moyens, émincés

3 gousses d'ail

2 poivrons verts, évidés et hachés

1 petit piment chili vert, frais, en conserve
ou au vinaigre

40 g (½ tasse) de coriandre fraîche, hachée

2 c. à soupe de jus de lime (citron vert)

0,25 L (1 tasse) d'eau

1 ½ c. à café (1 ½ c. à thé) de sel

15 cL (½ tasse) plus 3 c. à soupe d'huile
d'olive

Mélanger tous les ingrédients, sauf les 3 c. à soupe d'huile d'olive, dans le récipient du mélangeur électrique ou du robot de cuisine, puis homogénéiser jusqu'à l'obtention d'une sauce lisse.

Verser les 3 c. à soupe d'huile d'olive dans un poêlon en fonte profond ou une casserole. Y ajouter la sauce et laisser mijoter à feu doux pendant 10 à 15 minutes en remuant sans arrêt. Réserver la sauce et la laisser refroidir.

Utiliser immédiatement la sauce lorsqu'elle est prête, la congeler pour un usage ultérieur ou la mettre en conserve dans des petits bocaux stérilisés.

Note : Cette sauce accompagne à merveille les recettes mexicaines ou du sud-ouest des États-Unis.

Trempette aux tomatilles

25 cL (I tasse) de crème sure (crème aigre)

Préparer la Salsa verde selon la recette précédente.

Mélanger 0,25 L (I tasse) de cette sauce avec 25 cL (I tasse) de crème sure (crème aigre) et bien les mélanger à la fourchette. Réfrigérer jusqu'au moment de servir.

Servir cette trempette accompagnée de tortillas ou de croustilles au maïs.

Tomates farcies aux crevettes

6 PORTIONS

6 tomates moyennes

40 crevettes surgelées, lavées et en tranches
 fines

2 c. à soupe de jus de citron

110 g (½ tasse) de mayonnaise maison ou
 de mayonnaise du commerce

Pincée de poivre de Cayenne (facultatif)

Feuilles de laitue

12 olives noires, dénoyautées (comme
 garniture)

Bien laver les tomates, les couper en 2 moitiés égales et les évider précautionneusement à l'aide d'un couteau pointu et d'une petite cuillère. Mettre la pulpe dans le récipient du mélangeur électrique et homogénéiser à 3 ou 4 reprises. Transvaser la purée de tomates dans un grand saladier.

Faire bouillir les crevettes pendant exactement 5 minutes dans de l'eau salée additionnée du jus de citron. Égoutter les crevettes et les réfrigérer au moins 30 minutes avant de les utiliser.

Au moment de servir, ajouter les crevettes, la mayonnaise et le poivre de Cayenne à la purée de tomates et très bien mélanger le tout. (Cette préparation doit être conservée au réfrigérateur si elle n'est pas servie dès qu'elle est prête.)

Disposer 2 à 3 feuilles de laitue sur chaque assiette de service et y déposer 2 demi-tomates au centre. Farcir complètement chaque tomate avec le mélange aux crevettes, en garnir le centre d'une olive et servir aussitôt.

Note : Cette recette peut être servie comme plat principal d'un repas de midi léger l'été ou comme entrée le soir.

Tomates à l'alsacienne

6 tomates lavées et coupées en quartiers

6 petites pommes de terre pelées, bouillies
et en quartiers

1 gros oignon doux, haché finement

5 œufs durs, en quartiers

30 g (½ tasse) de persil frais, haché finement

Olives vertes, dénoyautées et coupées en 2
(comme garniture)

VINAIGRETTE

7 c. à soupe d'huile d'olive

3 c. à soupe de vinaigre blanc

Sel et poivre fraîchement moulu, au goût

Réunir les légumes et les œufs dans un saladier profond et leur ajouter le persil. Bien mélanger tous les ingrédients de la vinaigrette et en napper la salade. Remuer délicatement plusieurs fois avant de servir.

Au moment de servir, répartir uniformément la salade dans 6 assiettes. Garnir chacune de quelques olives coupées en 2.

Note : Cette salade appétissante peut être servie en plat principal au brunch ou le midi, ou en entrée avant le plat principal.

Tomates farcies au fromage de chèvre

4 tomates moyennes, mûres	Pincée de thym moulu
280 g (10 oz) de fromage de chèvre	Pincée de romarin moulu
4 c. à soupe d'huile d'olive	Sel et poivre, au goût

Préchauffer le four à 150 °C (300 °F). Couper une tranche sur le dessus des tomates et les évider délicatement. Les déposer à l'envers sur du papier absorbant pendant au moins 10 à 15 minutes pour bien les laisser égoutter.

Réunir le fromage de chèvre, l'huile, le thym, le romarin, le sel et le poivre dans un saladier profond et bien mélanger le tout à la fourchette. Répartir cette farce en 4 portions identiques et en farcir l'intérieur des tomates.

Déposer les tomates farcies dans un plat à gratin bien beurré et cuire au four à 150 °C (300 °F) pendant 20 minutes.

Note: Voici une succulente recette à servir en entrée ou même en plat principal. Comme entrée, la servir sur un lit de feuilles de laitue et, comme plat principal, l'accompagner de riz parsemé d'herbes aromatiques.

Tomates à la provençale

8 tomates fermes, moyennes ou grosses
8 c. à soupe d'huile d'olive
I oignon haché finement
4 gousses d'ail, hachées finement
4 c. à soupe de persil haché finement
4 c. à soupe de basilic haché finement
I c. à café (I c. à thé) de thym émietté
I c. à café (I c. à thé) de romarin émietté

I œuf
8 cL (⅓ tasse) de lait
115 g (I tasse) de chapelure
Sel et poivre, au goût
Fromage râpé (gruyère, de préférence, facultatif)
Beurre en quantité suffisante

Bien laver les tomates. Couper une tranche juste sous la queue et la jeter, puis les évider délicatement avec une petite cuillère.

Faire chauffer l'huile dans un grand poêlon et ajouter la pulpe des tomates, l'oignon, l'ail et les herbes aromatiques. Faire revenir le mélange pendant quelques minutes jusqu'à ce que tous les ingrédients soient bien mélangés.

Battre l'œuf et le lait dans un saladier profond, y verser le contenu du poêlon, la chapelure, le sel et le poivre. Bien mélanger le tout et remplir les tomates de cette farce. (On peut aussi parsemer le dessus des tomates de fromage râpé.) Beurrer un plat à gratin et y déposer délicatement les tomates farcies. Cuire au four à 180 °C (350 °F) pendant 30 minutes et servir chaud.

Topinambour

(helianthus tuberosus)

Vers 1603, un certain Champlain, gouverneur du Canada à cette époque, découvrit une racine très appréciée par les Hurons de la région. Ce légume, le *topinambour*, entrait dans l'alimentation quotidienne des Amérindiens. On le trouva ensuite en France et dans d'autres pays du continent européen. Les Français, en particulier, furent très intéressés par cette racine à laquelle ils trouvaient une saveur d'artichaut. C'est la raison pour laquelle il fut connu en France sous le nom d'*artichaut du Canada*, qui devint en anglais *Jerusalem artichoke*. Le nom de Jérusalem ne vient pas de la ville du même nom, mais bien d'une déformation du mot tournesol en italien, *girasole*. Ce nom était fort justifié, car la fleur de ce légume était une reproduction miniature de celle du tournesol. Le topinambour et le tournesol appartiennent à la famille de l'hélianthe dont le nom signifie « fleurs du soleil ».

Le topinambour est une plante vivace et il faut prendre grand soin de choisir l'endroit où le cultiver, car il se répand facilement et envahit vite la totalité du jardin. C'est le cas du nôtre où, tous les ans, nous avons la tâche d'essayer de le contenir et de confiner sa culture à une petite surface.

Le topinambour est redevenu populaire en France pendant les années de guerre, où il remplaçait souvent la pomme de terre. Un des avantages du topinambour est qu'il est facile à cultiver. Il continue de pousser et de se multiplier même dans les périodes de grande sécheresse et dans les sols les plus pauvres.

Topinambours à la basquaise

12 topinambours, nettoyés et en dés
Huile d'olive en quantité suffisante
1 oignon émincé
3 gousses d'ail, hachées finement

6 c. à soupe de persil frais, haché finement
Sel, au goût
Pincée de noix muscade moulue

Plonger les topinambours dans de l'eau bouillante et les laisser cuire à feu moyen pendant 5 minutes. Égoutter et réserver.

Verser un peu d'huile d'olive dans un poêlon antiadhésif et y ajouter l'oignon et l'ail. Cuire à feu modéré en remuant souvent jusqu'à ce que l'oignon devienne translucide.

Ajouter les topinambours, le persil, du sel et de la muscade au goût. Remuer et cuire encore 2 minutes. Servir chaud.

Note : Cette recette accompagne délicieusement les plats à base d'œuf, de poisson ou de viande.

Salade tiède de topinambours

4 PORTIONS

450 g (I lb) de topinambours, lavés et brossés, mais non pelés

3 c. à soupe de câpres, égouttées et hachées

3 endives moyennes, en tranches fines

Huile d'olive

Vinaigre balsamique

Sel et poivre, au goût

Bien laver les topinambours et les cuire dans de l'eau salée à feu moyen pendant 10 minutes (car ils doivent rester fermes). Les égoutter, en gratter la pelure et, avec un couteau bien aiguisé, les couper en petits dés égaux. Réserver dans le four tiède.

Au moment de servir, répartir les dés de topinambour dans 4 assiettes de service, parsemer chacune de câpres hachées et garnir le tour de tranches d'endive. Arroser chaque assiette d'huile d'olive et de vinaigre, puis saler et poivrer. Servir la salade quand les topinambours sont encore tièdes.

Note : Cette recette fait une délicieuse entrée.

Soupe de topinambours

450 g (1 lb) de topinambours

4 c. à soupe d'huile d'olive

2 oignons moyens, hachés
ou 3 blancs de poireau

4 c. à soupe de jus de citron

1,75 L (7 tasses) de bouillon de légumes ou
d'eau

Sel et poivre, au goût

Pincée de noix muscade moulue

22 cL (8 oz) de crème moitié-moitié
(crème légère)

1 bouquet de feuilles d'estragon, hachées
finement (comme garniture)

Bien laver et nettoyer les topinambours. Les couper en dés.

Verser l'huile dans une grande casserole, y ajouter les oignons, puis les faire revenir à feu doux pendant 3 à 4 minutes. Ajouter les topinambours et les arroser de jus de citron. Bien mélanger le tout et cuire à feu modéré pendant 5 minutes en remuant souvent.

Ajouter le bouillon ou l'eau, le sel, le poivre et la noix muscade, puis porter à ébullition. Réduire à feu moyen et cuire de 15 à 20 minutes de plus jusqu'à ce que les légumes soient à point. Homogénéiser la soupe au mélangeur électrique, la remettre dans la casserole, ajouter la crème et réchauffer à feu modéré en remuant sans arrêt pendant 2 à 3 minutes. Servir chaud en garnissant le dessus de chaque portion d'estragon haché.

Topinambours à l'ardéchoise

450 g (1 lb) de topinambours

8 c. à soupe d'huile de carthame ou d'une autre huile végétale

3 gousses d'ail, hachées, plus 1 gousse d'ail, hachée finement

22 cL (8 oz) de crème sure (crème aigre) ou de yogourt nature

2 c. à soupe d'estragon frais, haché finement, ou séché

Sel et poivre, au goût

Bien laver et nettoyer les topinambours. Les peler et les couper en gros cubes.

Verser l'huile dans une grande casserole profonde et la faire chauffer à feu modéré. Ajouter les topinambours et les 3 gousses d'ail et cuire pendant 12 à 15 minutes en remuant souvent pour qu'ils ne collent pas au fond.

Verser la crème sure (crème aigre) ou le yogourt dans un saladier profond, ajouter l'estragon haché, la gousse d'ail qui reste et bien remuer à la fourchette. Après 15 minutes de cuisson, ajouter aux topinambours le mélange crémeux ainsi que le sel et le poivre. Remuer à plusieurs reprises, couvrir pendant 2 minutes pour que la sauce enrobe entièrement les topinambours. Servir chaud.

Note : Cette recette accompagne délicieusement les plats à base d'œuf, de poisson ou de viande.

Conserves de légumes

ÉTAPES DE LA MISE EN CONSERVE

Il est indispensable de respecter les étapes suivantes pour vous assurer d'une bonne mise en conserve de vos légumes et de vos fruits.

1. Préparation des bocaux: Assurez-vous que le bord des bocaux en verre n'est ni fendu ni ébréché. Les couvercles métalliques doivent être garnis d'un joint d'étanchéité intact et, idéalement, ils ne devraient servir qu'une seule fois et être jetés ensuite.

2. Stérilisation des bocaux avant remplissage: Il faut stériliser les bocaux et leurs couvercles avant usage en les plongeant dans de l'eau bouillante pendant 20 minutes. L'eau doit d'abord bouillir, puis être retirée du feu avant d'y plonger les récipients.

3. Remplissage des bocaux: Après avoir vidé l'eau de stérilisation et asséché les bocaux, remplissez-les des légumes, sans tasser ceux-ci. Ne les remplissez que jusqu'à 2,5 cm (I po) du bord et compléter avec du liquide de cuisson.

4. Fermeture des bocaux: Enfoncez un ustensile en bois ou en plastique dans le bocal et remuer doucement pour déloger les bulles d'air. Essuyez le bord et le dessus du bocal avant d'y poser le couvercle. Vissez la couronne métallique par-dessus le couvercle et vérifiez que son joint de caoutchouc est bien étanche.

5. Stérilisation des conserves de légumes: Utilisez un autoclave pour effectuer la stérilisation des conserves de légumes. Suivez les instructions du fabricant pour vous assurer du traitement approprié des aliments. Laissez ensuite refroidir les bocaux remplis.

Certains produits alimentaires comme les tomates, les marinades, les gelées et les sauces n'ont pas besoin d'être stérilisés à l'autoclave. Vous pouvez mettre à bouillir les bocaux pleins et soigneusement fermés dans une grande marmite en veillant à ce qu'ils soient complètement immergés dans l'eau. Avant de plonger les bocaux dans l'eau, placez un support métallique au fond de la marmite et posez-les dessus pour éviter qu'ils ne touchent le fond. Ne mettez pas des bocaux en trop grand nombre dans la marmite, laissez suffisamment d'espace pour que l'eau puisse circuler entre les bocaux. Laissez bouillir les sauces pendant 30 à 40 minutes et les légumes entiers comme les tomates pendant 80 minutes.

6. Vérification des conserves de légumes: Lorsque les conserves sont stérilisées, vérifiez l'étanchéité du bocal : le couvercle doit être légèrement concave. Si le joint laisse passer du liquide, revissez la couronne de fermeture et recommencez la stérilisation de la conserve.

Note: Vous devez stériliser les bocaux vides et les conserves de légumes pendant assez longtemps pour que toutes les bactéries et autres microorganismes soient détruits. Vous devez aussi vous assurer ensuite que les bocaux pleins ne coulent pas.

Relish à la courge jaune et aux courgettes

DONNE ENVIRON 1 L (4 TASSES)

400 g (2 tasses) de courgette hachée	2 c. à soupe de sel
400 g (2 tasses) de courge jaune, hachée	370 g (1 ¾ tasse) de sucre
1 oignon haché	25 cL (1 tasse) de vinaigre de cidre
1 poivron vert, haché	2 c. à café (2 c. à thé) de graines de céleri
1 poivron rouge, haché	1 c. à café (1 c. à thé) de graines de moutarde

Réunir la courgette, la courge jaune, l'oignon et les poivrons vert et rouge dans une grande casserole. Bien saupoudrer les légumes de sel et les recouvrir d'eau froide. Les laisser dégorger pendant 2 heures, puis en retirer le plus d'eau possible en les pressant dans la passoire.

Mélanger les ingrédients qui restent dans une autre casserole et porter à ébullition. Ajouter les légumes et laisser mijoter pendant 10 minutes.

Remplir de relish des bocaux stérilisés jusqu'à 0,5 cm (¼ po) du bord. Visser le couvercle et stériliser les conserves en les plongeant entièrement dans de l'eau bouillante pendant au moins 15 minutes. Retirer les bocaux de l'eau et les laisser refroidir. S'assurer que leur couvercle ne coule pas.

Salsa classique du monastère

2 kg (10 tasses) de tomates pelées, épépinées et concassées

5 poivrons hachés

700 g (5 tasses) d'oignons hachés

I piment jalapeño, évidé et haché

30 cL (I ¼ tasse) de vinaigre de cidre

4 gousses d'ail, hachées finement

4 c. à soupe de coriandre fraîche, hachée
finement

3 c. à soupe de persil frais, haché finement

I c. à soupe de sel

½ c. à café (½ c. à thé) de poivre de
Cayenne

Réunir tous les ingrédients dans une grande casserole, porter le mélange à ébullition et laisser mijoter pendant 20 minutes.

Remplir de salsa des bocaux stérilisés jusqu'à 0,5 cm (¼ po) du bord. En visser les couvercles et stériliser les conserves en les plongeant entièrement dans de l'eau bouillante pendant au moins 15 minutes. Sortir les bocaux de l'eau et les laisser refroidir avant de les entreposer. S'assurer que leur couvercle ne coule pas.

Sauce tomate

(recette de base)

DONNE ENVIRON 3,5 L (14 TASSES)

2 c. à soupe d'huile d'olive
1 gros oignon, en dés
3 gousses d'ail, hachées finement
20 tomates pelées, évidées et hachées
1 poivron vert, en dés

1 c. à soupe d'origan haché
30 g (10 c. à soupe) de basilic haché
1 c. à soupe de romarin haché
1 c. à café (1 c. à thé) de sel
½ c. à café (½ c. à thé) de poivre moulu

Verser l'huile dans une casserole, ajouter l'oignon et l'ail, puis les faire fondre. Ajouter les ingrédients qui restent et porter à ébullition. Réduire à feu doux et laisser mijoter pendant 1 heure en remuant de temps à autre.

Homogénéiser la sauce au mélangeur électrique, puis la cuire de nouveau à feu modéré pendant 1 heure, jusqu'à ce qu'elle épaississe (en remuant à quelques reprises pour éviter qu'elle n'adhère au fond).

Remplir de sauce tomate des bocaux stérilisés jusqu'à 0,5 cm (¼ po) du bord. Visser le couvercle, plonger les bocaux dans de l'eau bouillante et stériliser les conserves pendant au moins 30 minutes. Sortir les bocaux de l'eau et les laisser refroidir. S'assurer que leur couvercle ne coule pas.

Relish au maïs du monastère

DONNE ENVIRON 3 L (12 TASSES)

18 épis de maïs

3 courgettes moyennes, en dés

1 gros oignon, en dés

2 poivrons verts, hachés

2 poivrons rouges, hachés

210 g (1 tasse) de sucre

2 c. à soupe de moutarde en poudre

1 c. à soupe de graines de moutarde

1 c. à soupe de curcuma

1 c. à soupe de graines de céleri

1 c. à soupe de sel

1 L (4 tasses) de vinaigre blanc

25 cL (1 tasse) d'eau

Préparer d'abord le maïs en plongeant les épis pendant 5 minutes dans de l'eau bouillante et racler ensuite les grains. Réunir tous les autres ingrédients dans une grande casserole et leur ajouter les grains de maïs. Porter le mélange à ébullition et laisser mijoter pendant 20 minutes.

Tasser la relish dans des bocaux stérilisés jusqu'à 1 cm (½ po) du bord. Visser les couvercles et stériliser les conserves en plongeant complètement les bocaux dans de l'eau bouillante pendant 15 minutes. Ôter les bocaux de l'eau et les laisser refroidir. S'assurer que leur couvercle ne coule pas.

Sauce tomate à la provençale

DONNE ENVIRON 3,5 L (14 TASSES)

20 tomates pelées, épépinées et concassées

2 branches de céleri, en tranches

2 carottes, en rondelles

1 gros oignon haché

3 gousses d'ail, hachées finement

12 feuilles de basilic

1 feuille de laurier

Sel et poivre, au goût

Réunir tous les ingrédients dans une grande casserole. Couvrir et cuire pendant 30 minutes en remuant pour éviter que la sauce n'adhère au fond. Verser la sauce tomate dans des bocaux jusqu'à 2,5 cm (1 po) du bord. Visser les couvercles sur les bocaux et stériliser ceux-ci en les plongeant complètement dans de l'eau bouillante pendant 30 minutes. Sortir les bocaux de l'eau et les laisser refroidir. S'assurer que leur couvercle ne coule pas.

Sauce tomate à la toscane

Donne environ 3,5 L (14 tasses)

20 tomates pelées, épépinées et concassées

1 branche de céleri, en tranches

2 courgettes, en dés

1 gros oignon haché

225 g (8 oz) d'olives noires dénoyautées, égouttées, en conserve

6 gousses d'ail, hachées finement

1 poivron vert, haché

2 c. à soupe de sucre

4 c. à soupe d'huile d'olive

10 feuilles de basilic

1 feuille de laurier

Sel et poivre, au goût

Réunir tous les ingrédients dans une grande casserole. Couvrir et cuire pendant 30 minutes en remuant pour éviter que la sauce n'adhère au fond. Remplir jusqu'à 1 cm (½ po) du bord des bocaux stérilisés de sauce tomate. Visser les couvercles sur les bocaux et plonger complètement les conserves dans de l'eau bouillante pendant 30 minutes. Sortir les bocaux de l'eau et les laisser refroidir. S'assurer que leur couvercle ne coule pas.

Relish au concombre

8 concombres, en dés
5 poivrons verts, hachés finement
3 poivrons rouges, hachés finement
4 gousses d'ail, hachées finement
1 oignon haché finement
1 c. à soupe de curcuma
110 g (½ tasse) de sel
2 L (8 tasses) d'eau froide

340 g (1 ½ tasse) de cassonade
1 L (4 tasses) de vinaigre blanc
1 c. à soupe de graines de moutarde
2 c. à café (2 c. à thé) de poivre de
la Jamaïque en grains
2 c. à café (2 c. à thé) de clou de girofle
entiers

Réunir les concombres, les poivrons, l'ail et l'oignon dans une grande casserole et saupoudrer de curcuma. Dans un autre récipient, délayer le sel dans l'eau froide, puis verser sur les légumes. Laisser reposer de 3 à 4 heures. Vider l'eau, recouvrir les légumes dégorgés d'eau fraîche et laisser reposer pendant 1 heure. Jeter l'eau.

Dans une autre casserole, délayer la cassonade dans le vinaigre. Enfermer les épices dans un sachet de mousseline et plonger celui-ci dans la casserole. Porter le tout à ébullition, puis en arroser les légumes. Couvrir et laisser reposer pendant 10 heures dans un endroit frais.

Porter les légumes à ébullition, puis les laisser mijoter jusqu'à ce qu'ils soient très chauds. Remplir jusqu'à 0,5 cm (¼ po) du bord des bocaux stérilisés avec les légumes. Visser les couvercles sur les bocaux et stériliser les conserves en les plongeant complètement dans de l'eau bouillante pendant au moins 20 minutes. Sortir les bocaux de l'eau et les laisser refroidir. S'assurer que leur couvercle ne coule pas.

Concombre mariné

900 g (2 lb) de concombres, en tranches de
  1 cm (¼ po) d'épaisseur
70 g (⅓ tasse) de sel à marinade
2 L (8 tasses) d'eau froide
1 L (4 tasses) d'eau

1,25 L (5 tasses) de vinaigre blanc
225 g (1 tasse) de cassonade
1 c. à café (1 c. à thé) de graines de
  moutarde
1 c. à café (1 c. à thé) de graines de céleri

Saupoudrer légèrement les concombres de sel. Ajouter 2 L (8 tasses) d'eau froide et laisser dégorger pendant 2 heures 30. Jeter toute l'eau.

Mélanger 0,75 L (3 tasses) d'eau et 0,75 L (3 tasses) de vinaigre blanc dans une autre casserole, puis porter à ébullition. Ajouter les concombres et laisser mijoter pendant 8 minutes. Retirer les concombres, les réserver et jeter le liquide de cuisson.

Préparer un nouveau mélange avec 0,25 L (1 tasse) d'eau et 0,5 L (2 tasses) de vinaigre. Ajouter la cassonade, la moutarde et le céleri, puis porter le tout à ébullition. Laisser mijoter pendant 10 minutes. Ajouter les concombres et porter de nouveau à ébullition. Remplir les bocaux de ce mélange jusqu'à 1 cm (½ po) du bord. Visser les couvercles sur les bocaux et stériliser les conserves en les plongeant complètement dans une grande marmite d'eau bouillante pendant au moins 20 minutes. Sortir les bocaux de l'eau et les laisser refroidir. S'assurer que leur couvercle ne coule pas.

Chutney aux pêches et aux courgettes

DONNE ENVIRON 4 L (16 TASSES)

20 pêches pelées et hachées

2 courgettes moyennes, en cubes

110 g (¾ tasse) de raisins secs

1 gros oignon émincé

450 g (2 tasses) de cassonade

1 c. à soupe de cumin

2 c. à soupe de gingembre moulu

40 g (¼ tasse) de graines de moutarde

2 c. à café (2 c. à thé) de sel

2 gousses d'ail, hachées finement

1 poivron rouge, haché finement

1,25 L (5 tasses) de vinaigre

Réunir tous les ingrédients dans une grande casserole et laisser mijoter environ 40 minutes, jusqu'à ce que le chutney épaississe. Remuer souvent pour éviter qu'il n'adhère au fond et en remplir des bocaux stérilisés jusqu'à 0,5 cm (¼ po) du bord. Visser le couvercle sur chaque bocal et stériliser les conserves en les plongeant complètement dans l'eau bouillante (les couvercles doivent être immergés) pendant au moins 20 minutes. Sortir les bocaux de l'eau et les laisser refroidir. S'assurer que leur couvercle ne coule pas.

Chutney aux pommes et aux patates douces

DONNE ENVIRON 5 L (20 TASSES)

12 pommes à cuisson, pelées et hachées

4 patates douces, pelées, hachées, cuites et en purée

2 oignons émincés

2 poivrons rouges, en dés

560 g (2 ½ tasses) de cassonade

2 c. à café (2 c. à thé) de cumin moulu

2 c. à café (2 c. à thé) de toute-épice

3 c. à soupe de graines de moutarde

2 c. à soupe de gingembre moulu

2 piments rouges forts, hachés

2 c. à café (2 c. à thé) de sel

3 gousses d'ail, hachées finement

I L (4 tasses) de vinaigre de cidre

Réunir tous les ingrédients dans une grande casserole et faire mijoter pendant I heure en remuant souvent jusqu'à ce que le chutney épaississe sans adhérer au fond. En remplir des bocaux stérilisés jusqu'à 0,5 cm (¼ po) du bord. Visser les couvercles sur les bocaux et stériliser les conserves en les plongeant complètement dans de l'eau bouillante pendant au moins 20 minutes (l'eau doit recouvrir aussi les couvercles). S'assurer que les couvercles ne coulent pas.

Note : On peut rendre ce chutney plus piquant en augmentant la quantité d'épices piquantes (piments rouges forts, moutarde et gingembre). On peut aussi le rendre moins piquant en ôtant les graines des piments rouges forts qui en sont la principale cause.

Quelques trucs pour choisir et préparer les légumes

1. Choisissez toujours des légumes et des fruits frais, qu'ils proviennent de votre jardin, d'un stand d'agriculteur au bord de la route ou du supermarché. Les produits frais contiennent en effet les vitamines, les éléments nutritifs et les fibres nécessaires au maintien d'une bonne santé.

2. Essayez de toujours obtenir et d'utiliser des légumes de saison. L'utilisation des produits que l'on trouve le plus facilement tend à en assurer la fraîcheur. Le changement des variétés de légumes pendant l'année semble aussi suivre les modifications des besoins de notre corps. De plus, les légumes de saison sont en général plus économiques.

3. En achetant vos légumes, évitez de choisir ceux qui ont l'air vieux, endommagés ou flétris. Plus le produit est frais et ferme, et mieux il conserve sa saveur, sa texture et sa valeur nutritive originales.

4. Autant que possible, assurez-vous que vos légumes sont de culture biologique et sans pesticide. Si possible, cultivez vos propres légumes vous-même pour vous éviter de consommer des produits chimiques comme les pesticides qui peuvent être dangereux pour la santé. Lorsque vous ignorez leur provenance, lavez-les et nettoyez-les soigneusement.

5. Il est important de bien préparer vos légumes et de les conserver correctement. Réfrigérez ceux qui se conservent au froid. Certains fruits et légumes comme les pommes de terre, les courges ou les pommes peuvent être conservés efficacement dans un cellier frais et sec.

6. Lorsque les légumes que vous utilisez en cuisine proviennent de votre jardin ou sont de culture biologique, vous pouvez les consommer en totalité — y compris la pelure. Celle-ci contient souvent certains éléments nutritifs et des vitamines importants. Mais lorsque vous doutez de la manière dont ils ont été cultivés, il est plus sûr de les peler ou de les gratter sous un jet d'eau.

7. Certains légumes comme le céleri-rave, l'artichaut ou l'avocat ont tendance à s'oxyder et à changer de couleur. Arrosez-les de jus de citron ou de vinaigre blanc pour leur éviter toute oxydation et leur conserver leur couleur originale.

Les bons légumes du monastère

8. Ne cuisez pas trop longuement vos légumes. Un excès de cuisson tend à faire diminuer leur saveur et leur valeur nutritive. Apprenez à employer les bonnes méthodes pour chacun.

9. Conservez toujours l'eau de cuisson de vos légumes. Réfrigérez-la et utilisez-la comme bouillon de légumes dans une prochaine soupe. Elle contient de précieux éléments nutritifs et elle est délicieuse.

10. Il est important de présenter correctement vos légumes à table. Ceux-ci doivent être visuellement attrayants et appétissants, et ils doivent aussi posséder une odeur et une saveur agréables. Outre leur valeur nutritive, les légumes pour la soupe et les autres plats doivent être choisis en fonction de leur arôme, de leur forme, de leur couleur et de leur texture pour pouvoir constituer une alimentation aussi saine et appétissante que possible.

11. Si vous utilisez des légumes feuillus — comme la laitue ou le chou —, qui ne proviennent pas de votre jardin ou d'un jardin respectant les règles de la culture biologique, ôtez les feuilles extérieures ainsi que les parties risquant de contenir des résidus de pesticides ou de produits chimiques.

LÉGUMES RECOMMANDÉS SELON LES SAISONS

PRINTEMPS

Asperge	Épinard	Pois cassé
Avocat	Graminées et céréales	Pois chiche
Betterave	Lentille	Pomme de terre
Carotte	Oignon	Radis
Champignons	Oseille	Salades vertes
Endive	Petit pois	Topinambour

ÉTÉ

Artichaut	Chou-fleur	Maïs
Aubergine	Concombre	Oignon
Betterave	Courge d'été (jaune)	Poivron
Brocoli	Courgette	Pomme de terre
Carotte	Gombo (okra)	Radis
Céleri	Graminées et céréales	Salades vertes
Céleri-rave	Haricots	Tomate

AUTOMNE

Artichaut	Courge	Oseille
Aubergine	Courgette	Patate douce
Bette à carde	Cresson	Petit pois
Brocoli	Épinard	Poireau
Carotte	Fenouil	Poivron
Champignons	Graminées et céréales	Pomme de terre
Chou	Haricot	Radicchio (chicorée rouge)
Chou de Bruxelles	Mâche	Radis
Chou-fleur	Maïs	Salades vertes
Citrouille	Navet	Tomate
Concombre	Oignon	

HIVER

Avocat	Chou de Bruxelles	Patate douce
Betterave	Courge	Poireau
Carotte	Endive	Pomme de terre
Céleri	Haricots secs	Salades vertes
Céleri-rave	Lentille	Topinambour
Champignons	Navet	
Chou	Oignon	

Les bons légumes du monastère

Potirons (Citrouilles)

Courgettes (zucchini) vertes et jaunes

Marjolaine

Persil

Basilic

Capucines

POMMES DE TERRE

Choux (blancs et rouges) ~ Choux de Bruxelles ~ Brocolis ~ Choux-fleurs

Poirée blonde à carde blanche (bette à carde)

Haricots en grains ~ Petits haricots italiens

Haricots verts (sans fils)

Haricots verts et jaunes

Tomates rouges et jaunes

Poivrons et Piments

Petits pois au printemps et Soucis en été

Petit Oratoire
(patron des

Géraniums

Cornichons

Concombres

Cornichons

Romarin

Estragon

Basilic

PLAN ACTUEL DU POTAGER « UBI CARITAS » AU MO

Tournesols Zinnias		Topinambours	
	Poireaux	Courgettes rondes de Nice	Oseille
Aneth			Épinards
Fenouil	Ail	Gombos	Sucrine
Origan			Roquette
Sarriette	Oignons	Blettes	Salvatica
saint Fiacre (ardiniers)	Ciboulette	Navets	Batavia
		Navets blancs	Romaine
Géraniums	Échalotes		Laitue
		Betteraves rouges	Chicorée Scarole
Cerfeuil	Céleri branche		
		Carottes	Mesclun
Persil	Petits zinnias		
		Radis	Frisée
Coriandre	Capucines		
Thym		Persil italien	Roquette

NASTÈRE NOTRE-DAME DE LA RÉSURRECTION

Index

TABLE DES MATIÈRES

RECETTES ET NOTES

RECETTES ET NOTES

RECETTES ET NOTES

RECETTES ET NOTES

RECETTES ET NOTES

Recettes et notes

RECETTES ET NOTES

RECETTES ET NOTES

RECETTES ET NOTES

RECETTES ET NOTES

Recettes et notes

Cet ouvrage a été achevé d'imprimer
en septembre 1999.

IMPRIMÉ AU CANADA